民族传统体育训练理论与实践研究

郭阔 / 著

武汉理工大学出版社
·武汉·

内容提要

本书是关于民族传统体育训练的研究著作。本书主要对民族传统体育训练的科学理论与实践方法展开研究，首先阐述民族传统体育的基础理论与文化内涵，其次对民族传统体育的训练理论、训练基地建设进行分析，再次研究民族传统体育的体能训练方法，最后选取具有代表性的民族传统体育项目来分析其专项训练方法。本书紧扣主题，结构完整，内容丰富，图文并茂，理论与实践有机结合，能够为民族传统体育运动员科学训练和提高技能水平提供科学的理论指导与方法参考。

图书在版编目（CIP）数据

民族传统体育训练理论与实践研究 / 郭阔著. -- 武汉：武汉理工大学出版社，2024.7. -- ISBN 978-7-5629-7169-6

Ⅰ.G852.9

中国国家版本馆CIP数据核字第2024JR6728号

责任编辑：严　曾
责任校对：尹珊珊　　　排　版：米　乐
出版发行：武汉理工大学出版社
社　　址：武汉市洪山区珞狮路122号
邮　　编：430070
网　　址：http://www.wutp.com.cn
经　　销：各地新华书店
印　　刷：北京亚吉飞数码科技有限公司
开　　本：710×1000　1/16
印　　张：13
字　　数：206千字
版　　次：2025年3月第1版
印　　次：2025年3月第1次印刷
定　　价：88.00元

凡购本书，如有缺页、倒页、脱页等印装质量问题，请向出版社发行部调换。
本社购书热线电话：027-87391631　87664138　87523148

·版权所有，盗版必究·

前　言

　　民族传统体育是中华民族文化的重要载体，是民族传统文化在体育方面的体现，是各民族智慧的结晶，也是最富有民族特色，最能反映各民族个性和群体气质的文化领域之一。民族传统体育融健身、娱乐、教育、社交、竞技等多项功能于一体，随着时代的变迁，社会文化与科学的进步，民族传统体育的内涵越来越丰富，外延也不断拓展，尤其是随着现代化发展进程的加快，其逐渐成为我国现代体育的重要组成部分，在国家体育强国建设中占有重要地位。当前，国家高度重视挖掘民族传统体育资源，弘扬民族传统体育文化，以此来彰显中华民族的文化特色、文化魅力与文化底蕴。要想传承与弘扬民族传统体育文化，并充分发挥其在体育强国建设中的重要价值，就要不断普及丰富多彩的民族传统体育运动，加强民族传统体育训练，提高民族传统体育运动水平，争取在国际、国内民族传统体育赛事中取得优异成绩，提升中华民族传统体育的影响力。民族传统体育训练的顺利实施离不开科学理论的指导，运动员训练水平的提升也需要实践层面的科学指导，只有不断完善民族传统体育训练的科学理论体系，在训练实践中加强理论指导和方法创新，才能更好地提升训练水平和运动能力。基于此，作者在查阅大量相关著作文献的基础上，精心撰写了本书。

　　本书共五章，第一章是民族传统体育的基础理论与文化内涵，包括民族传统体育的概念与内容、特点与价值、文化内涵与发展变迁，从而初步学习与了解民族传统体育，体会民族传统体育丰富的文化内涵。第二章是民族传统体育科学训练的理论指导，包括训练的理论基础、训练的原则方法、训练的医务监督。在科学训练理论的指导下进行训练实践，对提高训练效率、少走弯路、保障训练安全具有重要作用。第三章是民族传统体育体能训练理论与方法，包括民族传统体育体能训练的原则与科学原理、体能训练的内容与方法、体能训练中运动疲劳的恢复手段。这些内容能够为民族传统体育运动员科学进行体能训练、提高专项体能水平提供实用指导。第四章是针对代表性民族传统体育的实践研究，包括武术套路训练、武术散打训练、中国式摔跤训练、舞龙舞狮训练以及部分少数民族传统体育训练（射弩训练、高脚竞速训练、陀螺训练、毽球训练）。民族传统体育运动项目丰富多彩，选择这些具有代表性的项目进行训练方法实践研究，能够为参与其中的练习者和专业运动员提供科学的指导。第五章是民族传统体育训练基地建设研究，在分析民族传统体育训练基地建设的必要性、建设现状与问题的基础上，提出了促进民族传统体育训练基地建设的主要策略，以提升我国民族传统体育训练基地建设质量，充分发挥训练基地在促进民族传统体育训练和传承民族传统体育文化方面的重要价值。

总体上，本书主要研究民族传统体育的科学训练理论与方法，在阐述民族传统体育基本知识、文化内涵，分析民族传统体育文化传承与发展的基础上，构建了民族传统体育科学训练和专项体能训练的理论体系和方法体系，然后重点对民族传统体育代表性项目的技能训练方法进行了实践探究，最后逐层深入，又探讨了民族传统体育训练基地的有效建设。整体上，本书主题鲜明，结构合理，层次清晰，内容丰富，理论与实践有机结合，系统性较强，并兼具理论价值和实践价值。希望本书能够为提高我国民族传统体育训练水平、弘扬民族传统体育文化、增强民族文化软实力作出贡献。

本书在撰写过程中参考并借鉴了很多专家、学者的研究成果，在此表示诚挚的感谢。由于作者水平有限，书中难免有不妥与疏漏之处，敬请广大读者批评指正。

武汉体育学院　郭阔
2024年1月

目 录

第一章　民族传统体育基础理论与文化内涵　　1
  第一节　民族传统体育的概念与内容　　2
  第二节　民族传统体育的特点与价值　　6
  第三节　民族传统体育文化的内涵与变迁　　13

第二章　民族传统体育科学训练的理论指导　　39
  第一节　民族传统体育科学训练的理论基础　　40
  第二节　民族传统体育科学训练的原则与方法　　68
  第三节　民族传统体育科学训练的医务监督　　75

第三章　民族传统体育体能训练理论与方法　　85
  第一节　民族传统体育体能训练的原则与科学原理　　86
  第二节　民族传统体育体能训练的内容与方法　　91
  第三节　民族传统体育体能训练的恢复手段　　102

第四章　代表性民族传统体育的实践研究　　107
  第一节　武术套路训练　　108

第二节	武术散打训练	130
第三节	中国式摔跤训练	155
第四节	舞龙舞狮训练	163
第五节	部分少数民族传统体育训练	175

第五章 民族传统体育训练基地建设研究   **187**

第一节	民族传统体育训练基地建设的必要性	188
第二节	民族传统体育训练基地建设的现状与问题	190
第三节	民族传统体育训练基地建设的优化策略	193

参考文献   **198**

第一章　民族传统体育基础理论与文化内涵

　　民族传统体育是我国体育文化和民族文化的重要组成部分，其内容丰富，文化底蕴深厚，与我国博大精深的传统文化存在着密切的联系，在长期的发展历史中形成了独有的特色。保护与传承独具中华民族特色的民族传统体育，对弘扬我国传统文化和增强文化自信具有重要意义。本章主要介绍与分析民族传统体育的基础理论和文化内涵，主要内容包括民族传统体育的概念与内容、特点与价值、文化内涵与发展变迁。

第一节　民族传统体育的概念与内容

一、民族传统体育的概念

民族传统体育，顾名思义，是指源于我国各民族的具有悠久历史和独特风格的体育活动。这些体育活动在长期的发展过程中，不仅融入了各民族的传统文化和习俗，而且表现出鲜明的地域特色和时代特征。民族传统体育作为一种文化现象，既反映了我国多元民族文化的交融与碰撞，也见证了中华民族自强不息、团结奋进的精神风貌。

二、民族传统体育的内容

民族传统体育的内容主要包括以下几个方面，如图1-1所示。

（一）竞技类项目

竞技类项目包括武术、摔跤、蹴鞠等，这些项目强调技巧、力量、速度等方面的比拼，既锻炼了身体，又培养了勇敢、拼搏的精神。

（二）健身养生类项目

健身养生类项目包括太极拳、八段锦等，这些项目注重身体与心灵的和谐统一，强调内养外调，具有很好的养生保健作用。

（三）娱乐趣味类项目

娱乐趣味类项目包括抖空竹、风筝、踢毽子等，这些项目富有民间气息，既能愉悦身心，又能促进人际交往。

（四）民俗文化类项目

民俗文化类项目包括赛龙舟、舞龙舞狮、踩高跷等，这些项目与各民族的传统节日、习俗密切相关，具有浓厚的民族风情。

（五）军事武艺类项目

军事武艺类项目包括骑马、射箭、刀枪剑术等，这些项目起源于古代战争，如今已成为民族传统体育的重要组成部分。

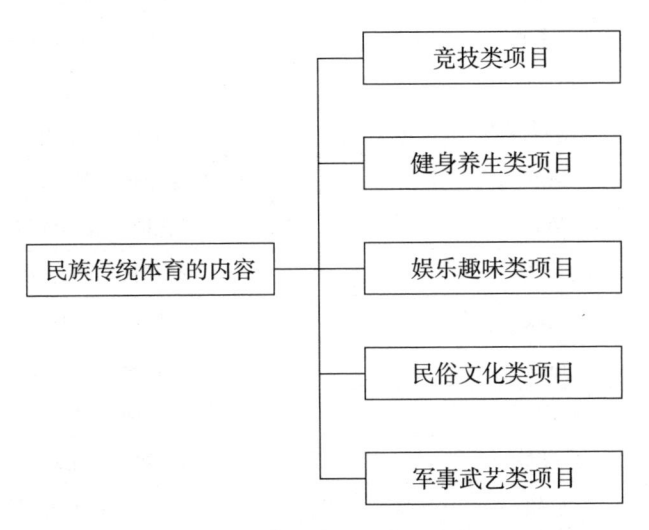

图1-1　民族传统体育的内容

总之，中华民族历史悠久，各个民族在长期的发展过程中形成了本民族的特色传统体育。各民族的代表性传统体育项目见表1-1。

表1-1　我国各民族部分代表性传统体育项目表[①]

民族名称	代表性项目
蒙古族	摔跤、赛马等
回族	木球、掼牛等
藏族	赛牦牛、赛马等
维吾尔族	摔跤、赛马等
苗族	秋千、划龙舟、独竹漂等
彝族	摔跤、赛马等
壮族	抛绣球、抢花炮等
布依族	丢花包、秋千等
朝鲜族	跳板、摔跤等
满族	珍珠球、冰嬉等
侗族	抢花炮、草球等
瑶族	人龙、打陀螺等
白族	赛马、赛龙舟等
土家族	打飞棒、踢毽子等
哈尼族	磨秋、打陀螺等
哈萨克族	叼羊、姑娘追等
傣族	赛龙舟、跳竹竿等
黎族	打花棍、钱铃双刀等
傈僳族	弩弓射击、泥弹弓等
佤族	射弩、摔跤等
畲族	操石磉、打尺寸等
高山族	竿球、顶壶等
拉祜族	射弩、鸡毛球等
水族	赛马、狮子登高等
东乡族	羊皮筏子、羊皮袋等

① 刘春燕,谭华.中华民族传统体育的兴盛、危机与复兴[M].北京：人民出版社,2016：46.

续表1-1

民族名称	代表性项目
纳西族	巴跳、秋千等
景颇族	火枪射击、爬滑竿等
柯尔克孜族	姑娘追、叼羊等
土族	轮子秋、拉棍等
达斡尔族	曲棍球、颈力等
仫佬族	抢花炮、打篾球等
羌族	推杆、摔跤、骑射等
布朗族	藤球、爬竿等
撒拉族	拔腰、打蚂蚱等
毛南族	顶竹竿、下棋等
仡佬族	打篾鸡蛋球、打花龙等
锡伯族	射箭、摔跤等
阿昌族	耍象、车秋等
塔吉克族	叼羊、赛马等
普米族	射箭、射弩、磨秋、摔跤等
怒族	跳竹、怒球等
乌孜别克族	赛马、叼羊、摔跤等
俄罗斯族	嘎里特克等
鄂温克族	套马、狩猎、滑雪等
德昂族	射弩、梅花拳、左拳等
保安族	赛马、夺腰刀、抱腰等
裕固族	赛马、摔跤、射箭等
京族	踩高跷、跳竹竿等
塔塔尔族	赛跳跑、爬竿等
独龙族	射弩、溜索比赛等
鄂伦春族	射击、赛马等
赫哲族	叉草球、叉草人等
门巴族	射击等

续表1-1

民族名称	代表性项目
珞巴族	射箭、碧秀（响箭）
基诺族	竹竿比赛、摔跤、高跷等
汉族	投壶、蹴鞠、布打球等

第二节 民族传统体育的特点与价值

一、民族传统体育的特点

在中华五千年的文明史中，民族传统体育作为一颗璀璨的明珠，熠熠生辉。它不仅是体育运动，更是一种文化传承和民族精神的体现。下面对民族传统体育的特点进行剖析，以揭示其深厚的文化内涵和独特魅力。

（一）源远流长，博大精深

民族传统体育历史悠久，起源于远古先民的生产劳动、宗教祭祀和军事战争等活动。经过数千年的发展与演变，逐渐形成了内容丰富、形式多样的体育项目。这些项目既包含了高难度的技巧展示，如杂技、武术等，也融入了娱乐性、竞技性元素，如赛龙舟、舞龙舞狮等。民族传统体育的博大精深展现了中华民族的智慧与创造力。

（二）地域特色，文化交融

民族传统体育具有鲜明的地域特色，与当地民俗、风情紧密相连。不同地区的体育项目各有特色，如南方的赛龙舟、北方的摔跤等。这些项目不仅反映了当地的文化传统和风土人情，也是各民族相互交流、融合的见证。通过参与民族传统体育活动，人们可以更好地了解不同地域的文化特色，促进民族团结与交流。

（三）内外兼修，身心并重

民族传统体育注重内外兼修、形神兼备的锻炼方式。许多项目不仅强调身体的柔韧性和力量，还注重心灵的修养和精神的升华。如太极拳、气功等项目，强调意念与动作的协调统一，通过修炼达到身心健康、内心平静的境界。这种身心并重的理念，有助于培养人们积极向上的生活态度和健康的生活方式。

（四）传承发展，创新前行

民族传统体育在传承中不断创新发展。在现代社会，许多传统体育项目经过改良和创新，更加适应现代人的需求和审美观念。同时，一些新兴的体育项目也不断涌现，如街舞、滑板等与传统体育相结合的形式为年轻人喜爱和追捧。这种传承与创新的结合，为民族传统体育注入了新的活力，使其在时代潮流中不断前行。

（五）国际交流，世界共享

随着全球化进程的不断加速，民族传统体育的国际影响力日益扩大。许多传统体育项目如武术、太极拳等在世界范围内广为传播，成为中外文化交流的重要桥梁。通过参与民族传统体育活动，各国人民可以相互了解、增进友谊，推动世界文化的多样性发展。

二、民族传统体育的价值

（一）健身价值

1.强身健体

民族传统体育项目繁多，如太极拳、八段锦、五禽戏等，这些项目强调身体与心灵的和谐统一，通过呼吸、动作、意念的协调，达到强身健体的目的。如太极拳，它以柔克刚、刚中有柔的运动特点，使练习者在慢速、流畅的动作中锻炼肌肉、骨骼、关节，提高身体协调性和灵活性，有助于增强体质，提高身体抵抗力，预防疾病。

2.养生保健

民族传统体育运动中许多项目具有养生保健的作用。如八段锦，它通过呼吸调节、肢体运动、内脏按摩等方法，使练习者内脏功能得到调和，增强抵抗力，达到预防疾病、延缓衰老的效果。五禽戏则是模仿五种动物的动作，即虎、鹿、熊、猿、鸟，使练习者在娱乐中锻炼身体，达到舒筋活络、养身保健的目的。

3.修身养性

民族传统体育强调内外兼修，既有外在动作的练习，又有内在精神的修养。在练习过程中，人们可以陶冶情操，培养良好的道德品质和意志力。例如，武术讲究武德，倡导忠诚、正义、勇敢等品质，对个体的道德修养具有积极意义。

4.心理健康

民族传统体育强调内外兼修，不仅关注身体健康，还重视心理健康。在运动过程中，练习者要遵循和谐、平和、自然的原则，将心态调整至最佳状态。如气功，它通过调息、调身、调心等方法，使练习者达到身心平衡、消除焦虑与抑郁等心理疾病的效果。此外，太极拳等运动也能帮助练习者培养耐心、毅力、自律的品质，提高心理素质，促进心理健康。

（二）教育价值

1.提升意志品质

民族传统体育不仅可以强壮体魄，提高人体的健康水平，同时还对培养顽强的意志品质具有重要的促进作用。从开始学习民族传统体育到具备一定的技能水平，整个过程几乎无时无刻不在考验练习者的意志品质。和学习其他传统技艺一样，刚起步的时候都是从苦练基本功开始，而且传统技艺的训练方式是相对单调和枯燥的，它是通过用一种极为严苛的方式来训练初学者，这对于很多人来讲都是一种巨大的考验，需要学习者具有明确的学习动机和坚韧的品质，才能熬过最初的各种疼痛和不适。在进入套路的学习时，也常常以一遍遍地重复某一动作为练习内容，同时还要忍受练习时各种拍、打、摔等动作带来的疼痛感，这些都是在挑战练习者的意志品质。但是，通过一次次克服恐惧、迎难而上并取得进步时，也达到磨练意志的效果，并培养了练习者勇敢顽强、积极进取的精神品质。

2.提高道德素质

民族传统体育对人的道德品质格外重视，如武术文化讲究"文以评心，武以观德"，这显示出传统武术运动对武德格外重视。无论是哪个武术流派，对习武者的道德修养都有非常高的要求，甚至认为武德的重要性要高于武艺，因此自古传统武术文化中都非常重视武德的教育。习武之人追求"扬善惩恶"，至今民间仍流传着古时为弱势百姓主持正义的侠客的传说和佳话。因此，武术自古就有很高的道德声望，并且也让后来的学习者自觉以较高的道德标准要求自己。

民族传统体育运动中隐含着很多重要的道德要求，它潜移默化地塑造着参与者的内在品质和心理素质。如习武之人讲究"一身正气"，是指接受武术训练或武术文化教养的人应该由内而外地散发着正直、正派和正义的精神面貌。这其实就意味着武德的教育并非仅仅是意识层面的教诲，而是对人的行为举止、身体姿态，甚至神情面容都有具体的要求。民族传统体育对人的道德教育是渗透到民族传统体育训练之中的，只有对民族传统体育文化底蕴进行深入挖掘与研究，才能客观、全面地认识民族传统体育的教育意义。

3.加强民族团结

民族传统体育是传统文化的重要组成部分，也是民间进行交流和沟通的重要途径。中华民族是一个多民族组成的国家，不同民族、不同地域的人们有不同的语言和生活习惯，也由此产生不同的审美意识和风俗习惯。在各个民族交往和交流的过程中，民族传统体育发挥了跨语言交流的重要功能。我国民族传统体育背后的正义、担当、勇敢的高尚道德情操是一种普世的价值观，它可以跨越任何地域或语言的阻隔，让各民族人民紧密地团结起来，增强民族凝聚力与认同感。

（三）娱乐价值

1.丰富群众文化生活

随着生活水平的提高，人民群众对精神文化生活的需求日益增长。我国民族传统体育项目丰富多样，既有竞技性强的体育项目，也有趣味性浓厚的游戏，各类项目既有独特的民族特色，又具有广泛的群众基础，为人们提供了丰富多样的娱乐选择。民族传统体育活动丰富了人们的文化生活，满足了人们多样化的娱乐需求，为构建社会主义和谐社会提供了有力支撑。

2.塑造健康的生活方式

民族传统体育活动有利于塑造健康的生活方式。参与传统体育活动，可以使人们在忙碌的生活中放松身心、锻炼身体。长期坚持锻炼，有助于提高身体素质，预防疾病，从而实现健康长寿的生活目标。

3.强烈的人文关怀

民族传统体育活动中蕴含着浓厚的人文关怀。以端午节赛龙舟为例，这一传统活动既体现了对历史文化的传承，又强调了团结协作、拼搏向上的精神。在娱乐过程中，人们能够感受到民族文化的魅力，增强民族认同感，实现心灵的愉悦。

4.促进人际交往与沟通

民族传统体育活动具有很强的娱乐性和互动性，能够拉近人与人之间的距离，增进彼此的了解。如春节期间的龙狮运动、闹元宵等活动，都是人们欢聚一堂、共庆佳节的重要形式。在这些活动中，人们彼此交流、互动，增进了友谊，也传承了民族文化。

（四）传播价值

1.加强民族认同与团结

中国人民的情感由传统文化维系着，可以说传统文化就是中华民族的精神纽带，是凝聚各族人民的重要支柱。世界在不断进步与发展，世界各国都有独具特色的传统文化体系，中华民族传统文化在全球文化领域中经久不衰、熠熠生辉，是中华儿女共同努力对民族传统文化进行传承与创新的结果。民族传统体育运动是中国传统文化的重要组成部分，它之所以能够传承至今，主要就是因为我国人民群众广泛认同这一文化形式，该文化对人类产生的吸引力是不可估量的。中华民族传统文化具有天然的凝聚功能，维系着国民情感、国家统一和各民族的团结，民族传统体育运动同样具有这一文化功能。我们无论是对待中国传统文化，还是对待体育文化，都要保持发展的眼光和积极健康的态度。兴利除弊是现代文明社会的主要任务，对中华民族传统体育文化进行弘扬与传播，能够继续发挥民族传统体育运动所具有的凝聚价值，并继续增强民族传统体育运动本身的凝聚力。

民族传统体育作为一种文化活动，也是民间表达情感的重要方式之一，这在民间民俗传统体育活动中表现得尤为明显，如舞龙舞狮运动。在盛大节日里，舞龙表演者盛装出场，精神饱满，一静一动中尽显龙的磅礴气势，精彩又神秘的舞龙表演增添了节日的喜庆色彩，渲染了热闹的气氛，同时也促进了社会精神文明建设，丰富了人们的精神文化生活。舞龙舞狮不仅是传统节日的保留节目，在一些重要活动中也能出彩。比如，我们将舞龙舞狮运动的相关元素加入大型运动会的宣传片中，显示中华民族的力量和中华民族文化特色，将中华民族征服自然的勇气和魄力呈现给国内外人民，能够激励华夏儿女积极向上、奋发图强，从而增强民族凝聚力。而且，因为龙文化的存在，中华民族和中华儿女分别被称为"东方巨龙"和"龙的传人"，这充分体现了中华民族受龙文化的影响是巨大的。龙文化在我国既是一种文化符号，也是一种图腾象征，具有丰富深邃的文化底蕴，这也为舞龙运动鲜明的文化特征、民族特征的形成奠定了基础。中华儿女无论什么时候、在什么地方看到龙文化、舞龙运动，民族自豪感和对祖国的骄傲感都会油然而生。

2.提升文化自信

历经千年流传下来的民族传统体育运动可以视为历史演变与时代发展的产物。民族传统体育运动在华夏大地盛行，有些成为广泛流传的民间运动，并随着不断地发展最终成为逐渐规范的体育运动，具有体育运动的普遍特征，如健身性、竞技性、娱乐性等。从文化层面来看，民族传统体育运动汇聚了中华民族传统文化，成为中华民族传统文化的一个代表，并随着不断地传承与发展而被赋予新时代的内涵与意义。

作为中华民族的精神产物，中华民族传统体育文化体现了我国人民传统的价值观念和深层信仰，但人们的价值观念是不断变化的，因而民族传统体育运动也不断演变，呈现出现代体育的一些特征。中华民族传统体育运动的发展与演变也从侧面反映了中华民族的发展历程。

民族传统体育精神的形成与发展都是在一定的文化环境下实现的，文化是不可缺少的前提条件。我国传统文化规范与约束着人们的行为，并以一些活动形式深入人们的精神世界，深刻影响人们的内心秩序和精神寄托。有些传统体育文化还为人类表达情感提供了载体，在同一文化背景下的人们相互表达情感，有助于社会的和谐与稳定、文化自信的形成与提升。

3.提高经济效益

在民族传统体育大赛举办之际，一些组织机构或企业会进行品牌或周边产品的设计，以此烘托氛围，并借此对民族传统体育文化进行传播。在周边设计与开发中创造出大量的传统体育文创产品，有的产品市场口碑和前景较好，还形成了产业链，通过多种营销手段创造了可观的经济收益。与此同时，民族传统体育运动的国际化传播和相关产品的生产、市场的开发也创造了一些就业机会，提升了人民的收入水平和社会经济效益。

第三节　民族传统体育文化的内涵与变迁

一、民族传统体育文化的内涵

民族传统体育文化包含民族传统体育物质文化、民族传统体育制度文化以及民族传统体育精神文化三个方面（图1-2），下面从这三个方面来解析民族传统体育文化的丰富内涵。

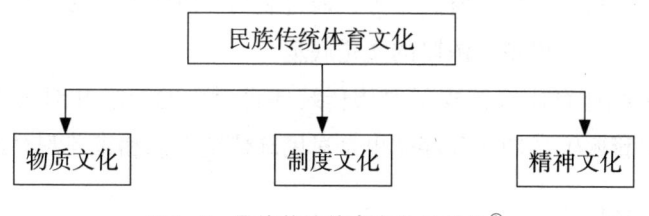

图1-2　民族传统体育文化的结构[1]

---

[1] 谭达顺.新视角下中国民族传统体育文化内涵、历史发展与趋势的再研究[J].黔西南民族师范高等专科学校学报，2008（1）：62-67.

（一）民族传统体育物质文化的内涵

民族传统体育的物质文化内涵是指在历史发展过程中，各个民族所创造的与体育相关的物质财富，包括民族传统体育器材、服饰、场地设施等。民族传统体育的物质文化内涵丰富多样，它们既是民族传统体育文化的载体，也是各民族在历史发展过程中创造的伟大成果。这些物质文化内涵不仅体现了民族传统体育的特点，还承载着各民族的体育文化传统和价值观。下面从体育器材、服饰、场地设施三个方面对民族传统体育的物质文化内涵进行探讨。

1. 传统体育器材

传统体育器材往往具有浓厚的地方特色和民族特色，它们多为本土原材料制作，造型独特，功能多样。例如，我国的太极拳器材主要包括刀、剑、棍、鞭等，这些器材既体现了中华民族对武术的热爱，又彰显了传统工艺的高超技艺。

体育器材在传承民族体育文化方面具有重要意义。一方面，它们作为体育活动的载体，承载着世代相传的体育技艺和锻炼方法；另一方面，体育器材的制作和使用过程也是对民族传统工艺和审美观念的传承。

2. 传统体育服饰

民族传统体育服饰在设计上讲究寓意，色彩鲜艳，造型独特。它们往往采用本土原材料，如棉、麻、丝等，通过刺绣、编织等手法，将民族特色和体育元素相结合，展现出浓厚的文化底蕴。

民族传统体育服饰体现了民族传统体育对美的追求和对民族特色的坚守，而且体育服饰的制作和穿戴也是对民族传统工艺和审美观念的传承。

3. 传统场地设施

民族传统体育场地设施在设计上注重与自然环境的和谐共存，强调场地与体育项目的紧密结合。例如，我国的太极拳场地往往选择在山水之间、树林草地等优美的自然环境中，以体现与自然和谐共生的理念。

传统体育场地设施作为民族传统体育活动的场所，承载着世代相传的体育技艺和锻炼方法，场地设施的建设过程也是对民族传统建筑技艺和环保理念的传承。可见民族传统体育场地设施对传承民族传统文化也具有重要意义。

在新时代背景下，我们要进一步深入挖掘民族传统体育的物质文化内涵，传承和弘扬民族优秀传统体育文化，为我国民族传统体育事业的繁荣发展贡献力量。

（二）民族传统体育制度文化的内涵

1.礼仪规范

在古代社会，"礼仪"是国家治理和文化传承的重要组成部分。社会礼仪不仅指导和规范着人们的日常生活交往，更是国家典章制度和道德教化的重要途径，也是民族传统文化的体现形式。不论是中国还是其他国家，可以说古往今来，礼仪在社会与文明发展中一直起到文化传承的重要作用。甚至在古代，礼仪还发挥着维护社会稳定、避免社会矛盾、促进各民族和谐共处的作用。

在中国的传统体育文化中，也孕育着深厚的文化礼仪。比如民族传统体育中很多拳法、剑术、双节棍等项目都有着各自的武功礼仪。无论是形式上，还是精神上，这些礼仪都发挥着重要的作用，并已经成为这些武功的一部分，并且与无数套路一起，构成中华民族传统体育的丰富内涵和多样形式，其中有很多都是中华文化精神内核和文化价值观的重要体现。

2.制度规范

制度规范一般是指民族传统体育制度、竞赛规则、协会组织等相关内容。

（1）相关制度

在我国的传统体育文化中，制度文化显现出重要的作用，甚至是居于核心位置的一种存在。体育制度不仅规范着各种体育活动的组织方式，而且还体现着体育文化的意识形态，是我国传统体育精神的外在形式。在传统体育文化传承过程中发挥着不可替代的功能和价值。并且，传统体育制度也会随着时代和社会的变迁而发生演变，与体育文化一起构建出我国传统体育文化的丰富图景。

（2）竞赛规则

随着传统体育项目越来越成熟，它的竞赛规则也逐步发展起来，并且反过来对传统体育的广泛传播起到了推动作用。

由于竞赛规则与竞赛形式的出现，使原本只在小众人群中流传的传统体育项目被大面积传播和普及，得到越来越多的人的喜爱。竞赛规则的完善，保证了传统体育项目和文化在传播过程中从内涵到形式的完整性，并不会因为时间和空间的转变而使原来的传统体育项目变形，或遗失部分内容。随着竞赛规则的逐步规范化，也提高了传统体育项目的发展水平，促进了传统体育文化的海外传播。

（3）协会组织

当传统体育项目发展到一定的阶段，协会组织渐渐出现。由于传统体育的广泛传播，各种项目都得到了发展，彼此之间也会相互借鉴、融合，出现了各种分支和流派，于是产生了不同流派之间关于谁是正宗嫡传的纷争，此时，协会组织的出现则起到了规范的作用，对传统体育的发展起到重要的推动作用。

传统体育运动协会组织的职能与作用主要表现在以下几个方面。

①挖掘传统体育项目，进行科学鉴评。

②组织传统体育比赛，培养传统体育人才。

③组织参加国内外传统体育交流活动。

④开发体育文化产业资源，促进传统体育的传承与传播。

（三）民族传统体育精神文化的内涵

1.追求天人合一的至高境界

中国的传统文化追求中庸和阴阳和谐，其中"天人合一"是对这一哲学思想的最佳表达。在传统体育项目中，有许多种运动尽管其外在形式不同，但是在文化内涵方面却非常相似。它们都追求"心灵交通，以契合体道"，比如太极拳、太极剑、健身气功等。

在"天人合一"哲学思想的指导下，中国的大多数传统体育项目在外在表现上都给人以一种内柔外刚、刚柔并济的气质形象，并且还能产生一种追求平衡、顺其自然的美学感受。这与西方竞技体育追求更高、更快、更强的竞技精神正好形成明显的对比。东方思想中"阴阳平衡""天人合一"的内核，是我国传统体育文化中重要的内在精神气质。

2."尚和合、求大同"的大局观

中国传统文化中还有一个重要的哲学思想，就是追求和谐融合，在尊重个体差异的前提下，追求一种"尚和合、求大同"的哲学大局观。中国的传统体育项目基本上都是以个人为基础的竞争活动形式，不同种类、不同流派之间之所以能够共同发展，主要是因为受到这种追求和谐与大同的精神思想的影响。这是中国儒家思想的重要内核，也是中国传统体育重要的内在精神文化内涵之一。

二、民族传统体育文化的变迁

（一）民族传统体育文化的起源与发展简述

民族传统体育起源于原始社会，当时的人们为了生存和繁衍后代，需要具备一定的体能和技能。在生产劳动、祭祀活动中逐渐形成了体育运动的雏形。随着历史的推移，民族传统体育得到了进一步的发展。在夏、商、周等封建王朝时期，体育成为选拔人才和培养国家精英的重要手段。同时，各种体育项目逐渐与民族文化相结合，形成了具有民族特色的传统体育项目。唐代时期，民族传统体育进入了成熟阶段。这一时期的体育项目繁多，如武术、射箭、蹴鞠等，不仅在民间广泛流传，还成为宫廷娱乐的重要组成部分。此外，唐代体育开始传入周边国家和地区，对周边体育文化产生了深远影响。宋、元、明、清等时期，民族传统体育在传承中不断创新。一方面，传统体育项目逐渐体系化、规范化，形成了各自的流派和技法；另一方面，新兴体育项目不断涌现，如冰雪运动、龙舟竞渡等，丰富了民族传统体育的内涵。

民国时期，民族传统体育受到了西方体育的冲击，开始了现代转型。这一时期，民族传统体育逐渐从宫廷走向民间，成为全民参与的体育项目。同时，武术等传统体育项目开始引入现代体育教育体系，实现了规模化发展。中华人民共和国成立后，政府高度重视民族传统体育的发展。在政策扶持下，民族传统体育得到了全面复兴，各类传统体育项目逐渐焕发生机。同时，民族传统体育开始走出国门，参与国际交流，展示我国民族文化魅力。

（二）民族传统体育文化的现代变迁与发展

民族传统体育文化变迁是指其文化内容的增量或减量所引起的文化系统结构、模式或风格的变化。民族传统体育文化的现代变迁是从动的方面来探讨问题，能够使我们全面、深刻地认识社会发展变化的规律性。民族传统体育文化内容丰富多彩，世代相传，经久不衰。由于历史的缘故，在新政治经济文化体制下和外来西方文化的冲击下，民族传统体育文化已产生了文化内部变革，现在展现在我们眼前的也只是变迁后的非原始的民族传统体育文化。

民族传统体育文化的现代变迁包括民族传统体育项目的现代变迁与民族传统体育文化主体思维意识的变迁。在外来竞技体育项目的影响下，民族传统体育项目因文化存在环境的变化而大量消亡，但部分民族传统体育项目诸如武术、摔跤、举重、风筝、秋千、龙舟、射击、射弩、舞龙、舞狮等不仅没有消亡，反而以其独特强大的生命力引起了世界人民的关注，成为多国人民共同喜爱的体育运动。然而，某些少数民族传统体育项目诸如苗族的打花棍、土家族的板凳龙、壮族的打拐等，已随着社会的演变而被人们遗忘。现在，各少数民族人民的生产生活环境已大为改善，作为民族传统体育文化主体的少数民族人民的思维意识尤其是对待民族传统体育文化的价值意识已有了很大的改变，其逐步从主要文化存在演变为人们节日喜庆之余的生活点缀。

我国民族传统体育文化是在一种非平衡状态中发展变迁的。从时间结构来看，繁荣与衰退交替进行。从空间地域来看，此起彼伏，兴衰和凋敝同时存在。在民族传统体育文化的现代变迁中不仅增添了新的民族传统体育文化的特质，而且还出现了民族传统体育文化的现代化更新，改变其原有文化系统的构成方式和淘汰一部分旧文化特质，重新组织起生机勃勃的新民族传统体育文化系统。民族传统体育文化的现代变迁影响到少数民族人民现代思维意识的构建，已初步体现了各少数民族人民价值意识的重构。从整个体育文化的发展趋势来看，民族传统体育文化变迁是趋于进步的，这充分肯定了人类的进步，高度统一了体育文化的多元性和趋同性，也使民族传统体育文化运作机制高效运行。

三、民族传统体育文化的传承与发展

（一）民族传统体育文化的传承方式

1.家族传承

家族传承是我国民族传统体育的主要传承方式之一。在家族传承中，长辈会将体育技艺传授给晚辈，使之代代相传。这种传承方式有利于体育技艺的保密和传承，同时也有助于增强家族内部的凝聚力。家族传承的体育项目主要包括武术、气功等。

2.师徒传承

师徒传承是另一种重要的民族传统体育传承方式。在这种传承方式中，师傅会将技艺传授给徒弟，徒弟在学会技艺后，再将所学传授给下一代。这种传承方式有助于体育技艺的交流与传播，同时也促进了师生间的情感交流。师徒传承的体育项目包括武术、杂技等。

3.社区传承

社区传承是指在特定社区内，居民通过共同参与体育活动，将传统体育项目传承下去。这种传承方式有助于增强社区凝聚力，促进居民之间的交流。社区传承的体育项目主要包括民族舞蹈、传统游戏等。

4.学校教育

近年来，我国教育部门高度重视民族传统体育的传承，将其纳入学校教育体系。通过学校教育，可以让学生从小接触和了解民族传统体育，培养他们对传统体育的兴趣和热爱。学校教育传承的体育项目包括武术、民族舞蹈等。

5.文化交流

文化交流是民族传统体育传承的重要途径。通过与其他国家和地区进行文化交流，我国民族传统体育得以传播到世界各地，同时也能吸收其他文化中的体育元素，丰富自身内涵。文化交流传承的体育项目包括武术、杂技等。

民族传统体育的传承方式多样，既体现了民族文化的独特性，也为我国体育文化的繁荣发展提供了有力保障。在新时代背景下，我们应继续探索更加有效的传承方式，推动民族传统体育繁荣发展，为中华民族文化自信注入新的动力。

（二）民族传统体育文化的传承策略

为了传承民族传统体育，我们需要制定一套合适的传承策略。下面从多个方面探讨民族传统体育的传承策略。

1.加强政策支持

政府部门应高度重视民族传统体育的传承工作，出台相关政策法规，明确民族传统体育的发展目标、任务和职责。同时，加大对民族传统体育的投入力度，保障相关项目的顺利开展。

2.完善人才培养机制

培养一批具备专业素质的民族传统体育人才是传承民族传统体育的关键。各级体育和教育部门要联合开展民族传统体育教育，加强师资培训，提高教学质量。此外，还要鼓励和支持社会力量参与民族传统体育人才的培养。

3.加大普及推广力度

要提高民族传统体育的普及率，就需要加大宣传力度，让更多的人了解和参与民族传统体育。利用各类媒体平台进行宣传推广，举办丰富多彩的民族传统体育活动，让人们在参与过程中感受到民族传统体育的魅力。

4.注重文化交流与合作

民族传统体育的传承与发展需要与其他地区和国家的体育文化进行交流与合作。通过参加国际赛事和举办文化交流活动，借鉴国外优秀体育文化，促进民族传统体育的创新发展。

5.保护非物质文化遗产

加强对民族传统体育非物质文化遗产的保护，是对民族传统体育传承的重要保障。要全面普查民族传统体育项目，对具有重要文化价值的体育项目进行非遗申报和保护，确保民族传统体育的传承和发展。

6.建立健全评估体系

为了确保民族传统体育传承工作的有效开展，需要建立一套完善的评估体系。对民族传统体育项目的开展情况进行定期评估，及时发现问题并采取措施加以改进。

总之，民族传统体育的传承是一项长期而艰巨的任务。我们要紧紧围绕上述几个方面制定和实施有针对性的传承策略，为民族传统体育的繁荣发展贡献力量。

（三）民族传统体育的发展现状与挑战

民族传统体育在我国历史悠久的传统文化中占据了重要地位，它不仅承载着各民族的智慧和文化，还对增强民族凝聚力、促进身心健康具有重要意义。然而，在现代社会，民族传统体育面临着发展困境，其生存空间受到一定程度的挤压。下面将对我国民族传统体育的发展现状进行探讨，分析其所面临的挑战。

1. 发展现状

（1）政策支持与扶持

近年来，我国政府高度重视民族传统体育的发展，制定了一系列政策措施对其进行扶持。如在财政、人才培养、场地设施等方面给予支持，推动民族传统体育项目的传承与发展。

（2）传承与创新并重

在传承民族传统体育的基础上，各地积极开展项目创新，使传统体育与现代体育相结合，增加民族传统体育的吸引力。如推广民族传统体育项目，举办各类民族传统体育赛事，激发群众参与热情。

（3）社会参与度逐步提高

随着人们对健康生活方式的追求，民族传统体育逐渐受到广泛关注。越来越多的人参与民族传统体育项目活动，如太极拳、蹴鞠、民族舞蹈等，以锻炼身体，丰富生活。

2. 民族传统体育发展面临的挑战

（1）传统文化观念的束缚

受传统观念影响，部分人对民族传统体育的认识存在局限，认为其与现代体育相比缺乏科学性和竞技性，难以满足现代人的需求。

（2）项目传承与发展不平衡

在我国，各民族传统体育项目的发展存在明显的地域差异和项目差异。一些具有较高文化价值和广泛群众基础的项目得到较好地传承与发展，而部分项目逐渐衰落，甚至面临失传危险。

（3）人才短缺与资源配置不均

民族传统体育专业人才短缺，教练员、裁判员等队伍建设滞后，制约了民族传统体育的发展。同时，资源配置存在一定程度的不均衡，部分地区和项目得到较多支持，而其他地区和项目则相对匮乏。

（四）民族传统体育的发展对策

在新时代背景下，如何推动民族传统体育发展，使之更好地融入现代社会，成为全民健康事业的重要补充，是值得我们深入研究和探讨的问题。下面将从政策扶持、文化传承、科技创新、产业发展、国际传播与发展等多个方面探讨民族传统体育发展的策略。

1.进一步加强政策扶持

（1）制定和完善与民族传统体育相关的法律法规，明确其在体育事业中的地位和作用，为民族传统体育发展提供法治保障。

（2）加大政策支持力度，政府在资金、土地、税收等方面给予民族传统体育事业一定的优惠政策，鼓励社会资本投入民族传统体育产业。

（3）制定中长期发展规划。各级政府应结合实际情况，制定民族传统体育发展规划，明确发展目标、重点领域和政策措施。

2.促进文化传承

（1）对各民族的传统体育项目进行系统挖掘、整理和研究，传承民族优秀体育文化。

（2）将具有重要文化价值的民族传统体育项目纳入非物质文化遗产名录，加大保护力度。

（3）将民族传统体育纳入基础教育体系，培养青少年对民族传统体育的兴趣和热爱。

3.加强科技创新

（1）运用现代科技手段，对民族传统体育项目进行改进和创新，提高其竞技性和观赏性。

（2）结合民族传统体育项目特点，研发新型体育器材，满足现代健身需求。

（3）利用互联网、大数据等技术，搭建民族传统体育在线教育、训练、赛事等平台，拓宽传播渠道。

4.大力开发竞赛表演产业

（1）民族传统体育竞赛表演产业的市场情况

随着我国市场经济的快速发展，以及社会大众对传统文化活动消费需求的不断提升，民族传统体育竞赛表演产业也在与时俱进，积极拓展市场、开发产品，并且已经取得一定的进展。就目前的市场产品类型，可分为非竞技类产品和竞技类产品。

非竞技类产品主要是以民族传统体育经营机构为主体，它们主要是培养一些具有专业素质的表演队伍。在重大节日庆典、周年庆典，或者企业单位、事业单位的开张活动，以及稍有规模的大众活动开幕式等场合做商业性演出。非竞技类产品参与的活动没有规则限定，也不分胜负，主要目的是烘托气氛，营造欢庆喜悦的氛围，丰富广大群众的业余文化生活。非竞技类产品的销售对象主要是企事业单位或者商业组织等设计机构、团体，这类产品为了提升市场需求和竞争力，目前要做的是努力提升表演质量、丰富表演内容和形式，对传统节目进行创新，融入具有时代特色的元素，使其更加成熟和饱满。并且借助国家推行"一带一路"倡议的机遇，打开国际市场，将我国的传统体育文化产品销往国外，增加文化交流和商业往来。

竞技类产品是在一定的规则和系统内通过一定的组织，以举办各种级别的竞赛来区分胜负的竞技类体育产品。比如，锦标赛、精英赛、邀请赛、争霸赛等活动，俗称民族传统体育运动竞赛。这些竞赛活动有不同的组织者和受众群体，也可按不同区域进行划分，比如有些是全国民族传统体育竞赛，有些是校园民族传统体育竞赛，有些是省级竞赛，还有一些是国际性竞赛。民族传统体育竞赛的发展目前主要以亚洲或者海外华人聚集区为主。随着我国在各个领域的不断强大以及国际地位的不断提升，中华民族传统体育项目在海外也获得了广泛地接受和喜爱。民族传统体育竞赛的直接消费者是对中国传统体育文化具有深厚情结的国人以及热爱中国文化的海外人群。受竞技体育的带动，民族传统体育竞赛项目的市场份额也在不断扩大，除了比赛票房、赞助商、媒体转播等收入外，还开发了一些市场潜力巨大的衍生产品，比如吉祥物、纪念衫、钥匙扣、胸针等文创产品。

（2）民族传统体育竞赛表演产业的经营情况

①部门设置

有些民族传统体育运动本来就源于悠久的民俗传统，尤其是在春节、元宵节这些重要的节日，比如舞龙舞狮等，我国各地有形式不一、但主题一致的舞龙舞狮表演活动。可见，民族传统体育表演在民间具有深厚的发展根基。为了更好地满足大众对民族传统体育表演的需求，各地成立相关经营机构，这些经营机构主要由办公室、财务部、竞训部以及市场开发部等部门组成。

在一些经济较落后地区，尽管民族传统体育市场需求较稳定，但是在很多方面还不具备管理和运营条件，因此都是靠民间自发组织民族传统体育表演活动。比如在重大节日前夕，由群众自发报名、组织和训练，组成临时的表演队伍，通过短期训练，也能达到参加节日庆典表演活动的水平。

总而言之，民族传统体育经营机构部门设置还存在许多不足，有待进一步改进和完善。

②人员组成

一个比较成熟的民族传统体育表演经营机构，会根据市场发展的需要设有管理人员、市场开发人员、运动员、教练员等。就目前的发展现状来看，管理职位一般由政府官员、企事业单位领导、教练员、退役运动员担任。这是由于他们具有丰富的管理经验，或者掌握了体育专业技能，在民族传统体育经营机构的发展中能肩负起重要的责任，起到不可替代的作用。但是实践证明，由于缺乏市场开发与经营的经验，在操作中还存在较多的不足，相关人员应尽快学习管理知识和技能，以促进民族传统体育表演市场的快速发展。

目前我国民族传统体育表演经营机构存在如下问题。

第一，各个部门的职业化程度相对较低，水平不高。这是制约民族传统体育表演业发展的主要原因之一。

第二，大部分教练员来自民间，管理层来自乡镇县市的领导干部，对于市场的经营运作，他们普遍缺乏管理能力或培训能力，只能满足低水平的运营需求，因此产品质量也难以提高。

③消费对象

民族传统体育竞赛表演的主要消费者是广大群众。对于很多群众而言，民族传统体育表演是节日庆典活动中最能彰显节日气氛的活动项目，也是最热闹、最能体现民俗风情的民间表演。但是这类表演活动基本上都是免费的，要么是由民间自发组织的，要么是政府号召、企业赞助，很少有面向群众的售票行为。因此，尽管民族传统体育表演在民间有着悠久的历史，但是，由于消费者的消费意识落后，因而短期内很难改变其消费行为习惯。对此，应该从表演内容、表演形式的创新来寻找更多的突破口，在保留现有消费者的同时，吸收更多愿意为精彩的、专业的传统文化活动付费的年轻消费群体。

④市场宣传

就当前的发展来看，民族传统体育竞赛表演的市场宣传依然依赖于传统的自发宣传方式。因为人们在意识里已经形成稳固的观念，即在一些固定的节假日，或者大型活动庆典中，会安排民族传统体育表演作为活动内容。这为宣传民族传统体育带来诸多优势。但另一方面，由于大多数民族传统体育表演长期固守传统模式，缺乏新意，这给宣传也带来一定的挑战。要想获得理想的宣传效果，还需要从内容到形式上进行全面的改革和创新。比如建立自己的网页，拍摄现代、新颖的宣传短片，长期运用微信公众号以及微博等自媒体，这些宣传方式具有成本低、效果好的特点，因此值得投入人力和物力。

（3）民族传统体育竞赛表演市场的生存环境

对当前我国民族传统体育竞赛表演市场开发起到关键影响的环境因素包括经济环境、政策环境、文化环境和竞争环境。

①经济环境

一般而言，经济环境包含国家和世界的经济形势、居民收入水平和居民储蓄水平以及消费水平等几个方面。当经济环境向好，人民安居乐业，且对未来发展充满信心的时候，出于提高生活质量的需要，人们愿意投入一部分金钱和时间参与自己喜欢的体育文化活动。因此，在经济环境好的地区，民族传统体育竞赛表演业也会受到积极影响，顺势发展，扩大规模，获得更大的市场回报。

但是，当经济环境低迷时，人们则会收紧钱袋，将有限的资金用于更重要的生活支出上，在业余爱好和文化生活方面的投入则能省就省，这对民族传统体育竞赛表演业的发展造成不利影响。比如，我国中西部地区和东南沿海地区的经济发展水平存在一定的差距，因此中西部人民群众在文化休闲方面的预算明显低于东部沿海地区人民群众。中国经济发展的区域不平衡预示着民族传统体育竞赛表演业的发展将呈现梯度差异性。

②政策环境

政治环境对体育产业的影响也是不容忽视的。改革开放以来，我国在经济、军事、科技、教育等诸多方面都获得了快速的发展，综合实力不断增强，国际地位也逐渐提升，甚至已经进入影响世界经济和政治发展的最重要的国家之列。这时候，国家对民族传统文化的传承和发展非常重视，这是中华民族伟大复兴的关键时刻。因此，民族传统体育竞赛表演业也迎来了良好的发展机遇，并将借助这一趋势实现全面的发展。

另外，体育产业是21世纪的朝阳产业，体育市场化成了不可逆转的发展趋势。体育产业政策的改革为民族传统体育运动的发展指明了市场化发展方向，通过体育产业政策的进一步完善，以及市场经济管理的日益规范，这些将有利于民族传统体育市场化发展进程的加快。

③文化环境

民族传统体育运动既包含丰富的体育内涵，又具有深厚的文化积淀。在当前民族传统体育运动的市场化发展中，文化环境自然也发挥着重要的作用。民族传统体育运动之所以能够得到良好的传承，与其丰富的物质文明、精神文明内涵息息相关。民族传统体育运动蕴含着风俗习惯、传统观念、价值取向、生活方式等丰富的内涵。我国历史悠久，疆域辽阔，地貌丰富，在漫长的岁月中，不同的地理气候、风俗习惯和民族信仰都不同程度地凝结在传统文化活动中，比如民族传统体育运动这一运动形式，就成为丰富的民族文化传承的重要载体。

在当代文化环境下，传统文化受到国家和社会的格外重视，我国在提升国家综合实力的整体战略中，为传统文化的发展指出了新的方向。为了适应现代人参加传统体育文化活动的需要，也为了促进民族传统体育竞赛表演市场的健康发展，必须从传统节日庆典活动以及凝结着强烈民族情感的群众活动中挖掘深厚的文化价值、表演价值和体育价值，使民族传统体育运动发挥出巨大的潜在影响力，在更加广泛的范围内得到发展，进而在文化、经济等多个方面取得良好的发展成果。

④竞争环境

市场竞争环境对民族传统体育产业的发展具有重要的影响。作为相对较新的入局者，民族传统体育运动竞赛表演在市场上会面临多重的挑战，若想在市场体系中争得一席之位，必须在严格遵守市场规则的前提下，努力发挥自身的优势，寻找生存的空间。我国民族传统体育竞赛表演市场还处于初步开发阶段，面临着诸多竞争和挑战，主要表现在以下两个方面。

第一，在民族传统体育竞赛表演市场发展中，首先要做出准确的定位，明确竞赛表演的服务性特质，同时兼顾传承传统文化的责任。民族传统体育运动的最大市场价值就是满足观众的精神文化需要，丰富大众的生活，培养爱国情怀。民族传统体育的丰富文化内涵对凝聚民族情感、弘扬传统文化具有不可替代的价值。同时，也不能忽视满足人们的精神娱乐需要，要积极应对热门体育项目竞赛表演活动的竞争，以及其他品类的娱乐活动形式的竞争，如音乐演出、戏剧等。

第二，竞争激烈的议价因素。要想在市场竞争中获得生存和发展，民族传统体育竞赛表演项目自身的议价能力是一个非常重要的因素。和其他一些市场较为成熟的服务性产品相比，民族传统体育竞赛表演产品还不具备一定的市场议价能力。在激烈的竞争环境下，必须充分发挥民族传统体育运动的独特性，以差异化优势争取更多的市场资源，获得更高的市场价值，进而提升自身的议价能力。

（4）民族传统体育竞赛表演产业发展的策略

①改革管理机制

当前，民族传统体育竞赛表演活动以政府组织为主。举办权、管理权高度统一，这对民族传统体育产业化发展利弊相伴，并且随着时间的推移，其弊端越来越明显，甚至已经成为阻碍民族传统体育产业化发展的重要因素。

对此，国家有关部门应将此重视起来，将本来属于市场的权利归还给市场，自己主要负责监管，允许更多的社会力量参与进来，激活民族传统体育市场的巨大潜力，让真正意义上的市场主体逐渐发挥作用，政府职能部门更多的是维护、监管，保证民族传统体育竞赛表演市场的健康运作。

②加强与媒体的合作

媒体对民族传统体育竞赛表演产业发展的影响是不容忽视的。媒体具有放大的功能，能够对信息和文化进行传播。通过加强与媒体的合作，能够促进民族传统体育竞赛表演业的正向传播，捕捉民族传统体育运动中的精彩视频、画面和感人的瞬间，并让更多的人看到、感受到，借助媒体的影响力将民族传统体育运动以及相关的传统文化推广到全国各地，甚至全球各地。

在我国民族传统体育竞赛表演市场发展的初级阶段，尤其需要媒体的助力。通过加强与媒体的合作，努力形成双赢的局面。与此同时，在合作的过程中，也要不断挖掘民族传统体育竞赛表演活动的优势、亮点，这将对民族传统体育运动的快速发展起到积极作用。

实际上，民族传统体育运动具有很多可报道的内容。比如，任何一项竞赛表演，都需要运动员付出大量的艰苦训练，其中有很多励志而感人的故事。另外，民族传统体育中不乏充满表现力的艺术表演活动，为了让表演更加精彩，教练员和运动员会进行深入研究和学习，向戏剧、音乐、造型等多个艺术门类取经，不断完善自身的技艺。幕后这些轶闻、趣事不仅能引发观众的共鸣，也会让人们更加了解和熟悉民族传统体育运动，了解传统文化在传承中要面临哪些挑战，克服哪些困难等，这些都是可供媒体报道的资源。

③注重市场营销

在产品方面，首先，创建民族传统体育竞赛表演品牌。品牌是市场经济中非常重要的部分，创建一个成功的品牌对产品营销具有不可估量的价值。因此，打造民族传统体育竞赛表演产品的品牌是市场营销工作的核心之一。品牌属于无形的资产，因此打造品牌远比打造产品更为复杂，也需要付出更多的努力和耐心。其次，开发附属产品。民族传统体育竞赛表演市场的附属产品主要包括训练器材、竞赛表演光碟、服装以及钥匙扣、徽章、T恤等纪念品等。民族传统体育运动训练器材或服装没有太大的商业价值，但是观众对其文创产品却有较大的兴趣，比如生动的民族传统体育挂件、文具、饰品等都可能创造出巨大的商业利润。

在价格方面，在民族传统体育产品设计和市场营销中，价格因素产生了重要的影响。甚至人们对价格的敏感程度要超过产品本身。在民族传统体育竞赛表演市场发展的初级阶段，产品研发还不够完善，存在诸多不足，也就是说此时产品的市场竞争力是不够的。为了获得更多的关注，赢得生存机会，就需要以更为合理甚至低廉的价格吸引观众。因此，制定民族传统体育竞赛表演的门票价格、媒体转播费、冠名费、各种标志的授权费用等价格策略时必须审慎对待，既要能保证民族传统体育竞赛表演组织的生存，又要满足合作方的基本利益需求，只有这样才能在市场竞争中稳定发展，在发展中取得进步。

5.抓住"一带一路"的机遇加强对外开放

（1）"一带一路"倡议下我国民族传统体育运动对外开放的机遇

①"一带一路"建设扩大了中国传统文化的影响力

随着我国综合国力的增强，我国在世界上的话语权和影响力也不断提升。我国经济的发展、科技的创新吸引了其他国家的目光。世界上开始主动了解中国的人越来越多，他们对中国的先进技术进行学习，并喜欢上了中国的文化，尤其是节日文化、美食文化、传统体育文化，这些都渐渐成为国外关注的焦点。

我国提出"一带一路"倡议以来，在"一带一路"沿线国家中有了更高的知名度和美誉度。我国与沿线国家积极开展经济、文化、科技等多领域的合作，共同进步、共同繁荣。在"丝绸之路经济带"上，我国同沿线国家的高校开展不同方面的学习与交流，主要涉及文化、医疗、科研、教育等方面。在多元化交流与互动过程中，中国传统文化逐渐进入沿线国家，在这些国家形成了一定的影响力，沿线国家也有越来越多的人主动学习中国传统文化。沿线国家也不乏对中华民族传统体育运动感兴趣的人，参与其中的人达到一定的规模，可见中华民族传统体育的世界影响力在"一带一路"背景下有所提升，为进一步进行对外开放提供了便利。

②"一带一路"建设提供了强有力的政策支持

民族传统体育运动无论是在国内的发展，还是在国外的传播，都离不开国家的政策支持。国家作为民族传统体育运动对外开放与发展过程的坚强后盾，其政策为民族传统体育的对外开放提供强有力的支撑。党的十八大以来，我国非常关注提升文化自信的问题，在提升国家文化软实力方面，民族传统文化发挥着重要作用，民族传统文化的开放发展更是意义重大。为此，国家出台相应政策来支持与鼓励民族传统文化的对外发展，民族传统体育运动也因此迎来了良好的机遇。

例如，2021年10月，国家体育总局印发了《"十四五"体育发展规划》，国家重点发展的领域中民族传统体育赫然在列，并指出要在"一带一路"沿线国家多边合作中加强体育文化交流。政策的出台与实施有力地保障了中华民族传统体育运动在国内外的发展，为民族传统体育运动的国际化推广和弘扬提供了坚强的后盾。

③"一带一路"提供了新的传播与发展平台

我国提出"一带一路"倡议，根本上是为了促进沿线国家的经济交往与经济发展。文化的融合交流能够为经济的合作"锦上添花"。通过文化交流，能够促进沿线各国人民的相互理解，从而为国家之间的经济合作奠定人文基础，提供基础保障。因此，在"一带一路"建设中，我国要先与沿线国家进行文化交往，在文化互动中擦出火花，进而相互理解、相互包容、相互学习。作为我国传统文化的重要代表，民族传统体育运动本身具有丰富的文化内涵和深厚的民族底蕴，是国外了解中国传统文化的一个"窗口"。我国民族传统体育项目在国外认可度较高的是武术，相对来说其他项目受到的认可还不够普遍和广泛。而借助"一带一路"的契机，可以将中国传统文化更好地传播到沿线国家，促进沿线国家广泛认同中国传统文化，进而认识丰富多样的民族传统体育运动。这能够为民族传统体育运动走向世界舞台、展现中华民族的风采和文化自信提供良好的机会。另外，借助"一带一路"建设的历史机遇，我国在对外开放民族传统体育时会更加顺利，阻力会变得少一些。

总之，"一带一路"为与沿线各国进行文化交流、经济合作提供了便捷的渠道，也为中华民族传统体育运动的对外开放提供了难得的平台，能够助力中华民族传统体育运动在海外的发展。

（2）"一带一路"倡议下我国民族传统体育运动对外开放与发展的挑战

"一带一路"建设为我国民族传统体育运动对外开放提供了非常好的机遇和平台，但同时也使民族传统体育运动的对外发展面临新的挑战，具体表现在以下几方面。

①区域文化差异明显，影响传播广度与深度

在"一带一路"建设中向其他国家传播中华民族传统体育运动，往往会因为国家之间文化理念、价值观念和地缘政治等的不同而造成对中华民族传统体育运动或传统文化的误读和偏见，并因此阻碍文化交流，甚至造成心理隔阂和情感疏离，这会严重阻碍中华民族传统体育在国际上的发展。[①]西方竞技体育的灵魂是"竞争"，而中华民族传统体育运动作为中华民族传统文化的一部分，是不以"竞争"为核心的，西方体育文化与民族传统体育运动文化存在本质上的不同，二者的差异又具体体现在表现形式、组织方式、价值取向、审美倾向等多个方面。这种差异也使得中国传统体育运动和文化不易被外国友人理解，容易出现沟通障碍。所以说，民族传统体育运动要得到国外的一致认同还有很长的路要走，还要做很多的努力。

②传播组织机构有待完善，缺乏统一管理

我国民族传统体育运动和文化的传播与发展离不开高校的参与。高校不仅要承担培养民族传统体育运动专业人才的责任，还要在传承、保护以及弘扬民族传统体育文化上发挥自己的优势，积极参与其中，贡献力量。但目前高校在传统体育文化传承与传播方面缺乏相应的组织机构，管理上也是一盘散沙，不够集中统一。

此外，目前我国民族传统体育运动文化的对外发展形式以"孔子学院"为主，虽然国际化发展平台越来越多元，发展渠道越来越便捷，传播形式越来越丰富，但是相关组织机构却比较少，导致对外开放与发展缺乏组织性、纪律性，难以统一管理，最终影响了对外发展效果。

③缺少专业人才

现阶段，我国民族传统体育运动的传播主体主要由民族传统体育运动爱好者、社会团体、高校教师以及相关组织组成。但这些传播主体中有的专业

---

① 胡昌领，王岗.龙狮文化沿"一带一路"传播研究[J].体育文化导刊，2020（2）：11-15，30.

性有限，如业余爱好者、民间团体，由于缺乏对民族传统体育运动知识、文化和技能的系统学习，导致这些主体的民族传统体育运动综合素养并不高，所以在民族传统体育运动的对外开放与发展中也只能进行一些表象的传播，以示范和口头传授为主，并不能精准地展示民族传统体育运动的文化精髓和其他具有民族性的元素，最终也导致对外发展效果大打折扣。

另外，中国传统体育文化的对外开放面向的是外国友人，所以对传播者的外语水平尤其是口语水平提出了很高的要求，在我国民族传统体育运动的传播主体中，精通外语并能用外语流利介绍中国传统体育运动的传播者十分有限。尤其是一些民族传统体育运动包含大量复杂的动作和造型，直接的外文翻译无法表达真正的含义，再加上还要用外文解释每个动作的具体练习方法，所以难度很大。传播者必须在理解的基础上进行恰当的表达，如此才能使外国友人真正理解是何意，并从中领悟中华民族传统文化的精神。由于我国民族传统体育运动传播者外语水平参差不齐、国际交往能力有待提升，所以增加了受众学习和理解的难度。

总之，民族传统体育运动是具有中华民族特色的传统体育运动，本身健身价值、文化价值、观赏价值特别突出，而且内涵丰富，民族特色鲜明，如果能够很好地传播到海外，将产生广泛的影响力，有力提升中华民族传统体育文化的国际形象。但因为区域文化差异的客观存在、传播组织机构的运作与管理不完善以及缺乏专业的传播人才，最终导致民族传统体育运动在"一带一路"建设中向其他国家的传播受阻，影响了民族传统体育运动的国际化发展进程。

（3）"一带一路"倡议下我国民族传统体育运动对外开放的发展策略

①求同存异，促进多元文化融合

在"一带一路"背景下，对外开放中华民族传统体育运动，既需要政府的政策支持，以实现宏观层面的有组织、有计划、有秩序的系统性和整体性传播，还要发挥民间组织、社会团体和业余爱好者的积极作用，促进民族传统体育运动的普及与传播。中华民族传统体育运动起源于民间生产生活，伴随中华传统文化的发展而逐渐兴盛，因而积淀了深厚的文化底蕴，并富有深层的精神内涵。然而，不同民族的传统体育之间存在差异，民族传统体育运动呈现多元化的特点。为便于对外开放与发展民族传统体育运动，我们需要树立求同存异的观念，促进多元文化的互动与融合，既包括不同地域与流派的传统体育文化的交流，也包括中国与传播国家之间的文化交融，从而减少文化差异、文化隔阂，甚至是文化壁垒对民族传统体育运动对外开放造成的阻碍。

向不同的国家、地区和民族介绍中华民族传统体育运动，既要尊重各国、各地区和各民族的文化习俗，也要客观看待相互之间的差异性，求同存异，维护文化的丰富多彩。在具体弘扬过程中不能一味以技术传播为主，还要渗透文化内涵和精神层面的传播，将民族传统体育文化与传播目的地的特色文化结合起来，这样能够更好地获得受众对中华民族传统体育文化的认同，并对相关文化产品予以接受，主动参与民族传统体育运动，观看民族传统体育表演和比赛，形成浓厚的文化氛围。

②培养专业人才

我国民族传统体育在我国的发展相对滞后，长期以来一直处于受限制的边缘状态，因此我国也忽视了对这方面专业人才的培养。人才的缺乏严重制约了中华民族传统体育运动的对外发展。要解决当前的发展困境与问题，培养人才是一个非常重要的突破口。

第一，成立教练员、指导员、裁判员培训班，对相关人员进行专业培训，使各类人员持证上岗，达到民族传统体育运动发展对各类人才的专业要求，具备基本的专业素养，提高执教、裁判和指导的业务能力。

第二，培养民族传统体育运动人才的外语表达能力，将高校民族传统体育专业的大学生作为重点培养对象，利用高校的外语教育资源对该专业的学生进行外语培训，主要培训"一带一路"沿线国家的语言，从而提高大学生的外语表达能力和翻译能力。大学生作为传播主体为外国友人讲解中华民族的民族传统体育运动时，凭借流利恰当的表达，能够加深受众对中华民族传统体育运动的理解，提高传播效率。

第三，我国要主动同"一带一路"沿线国家加强文化互动，并主动学习沿线国家的传统文化，寻找能够与中华民族传统体育运动相契合的点，利用契合点去宣传民族传统体育，这样更容易获得认同。

第四，积极将中华民族传统体育运动引入沿线国家的高等院校，扩大民族传统体育国际传播人才队伍的规模，促进民族传统体育运动在高校的传播，这将极大地提升中华民族传统体育运动的传播层次和水准。

③打造品牌赛事，扩大民族传统体育运动的国际影响力

体育的发展是以竞技、竞争为内核的，离开竞技和竞争，体育的发展就会严重受限。有竞技和竞争，自然就会有竞赛。一项运动能否顺利走出国门、对外传播，与这项运动的赛事体系直接相关。要提升和扩大中华民族传统体育运动在"一带一路"沿线国家的影响力，就要打造精彩的民族传统体育比赛，建立健全竞赛体系，不断完善竞赛规则。如果能够打造品牌赛事或系列赛事，那么将对民族传统体育的对外传播与发展起到积极的作用。

目前，我国民族传统体育运动主要是在亚洲国家传播，尤其是东南亚国家。在举办高水平的国际性民族传统体育比赛时，要做好赛事包装和赛事宣传，并不断提高赛事专业水平，扩大赛事在世界的影响力，同时借助举办赛事的机会开发周边产品。可以借助"一带一路"的优势邀请沿线各国观赛，在比赛现场感受民族传统体育的文化魅力，进而为促进民族传统体育运动在沿线国家的顺利发展打好基础。

6.数字赋能视域下加强民族传统体育的传播与发展

在现代科学技术迅猛发展的今天，数字化技术对人们的生产生活方式产生了重要的影响。在民族传统体育的传播过程中，要善于将数字化手段运用起来，在数字化技术的支持下将民族传统体育客观地、立体地、真实地呈现给世界人民，讲好中国关于民族传统体育和文化的故事。民族传统体育在数字化时代迎来了传播的良好机遇，我们要借助这一机遇不断创新传播方式，实现新的突破，促进民族传统体育"走出去"战略转型升级。下面具体分析数字赋能条件下民族传统体育传播与发展的思路和主要策略。

（1）数字赋能视域下民族传统体育文化传播与发展的思路

①创新数字化传播方式

随着民族传统体育的不断发展和民族传统体育文化的广泛传播，现在有越来越多的媒体网站对民族传统体育进行相关报道。民族传统体育的传播介质主要有电视、报刊、广播和网络等，目前使用最频繁和传播效果最好的介质是电视。但随着互联网技术的不断发展，越来越多的人使用移动视频终端作为生活休闲娱乐的一部分。移动视频终端的广泛普及也拓展了民族传统体

育文化的传播空间，互联网传播的地位显著提升，传统的电视观看模式有被取代的趋势。

在全球范围内运用互联网技术对民族传统体育进行网络传播，能够促进传播载体的丰富和传播效率的提升，同时也能促进互联网媒体业的发展，并推动传统媒体业的转型升级。

②构建数字化传播平台

随着现代互联网技术的快速发展，文化的数字化传播方式也逐渐更新换代，新媒体作为一种新的传播方式走进了大众的视野。世界各国的人民都可以利用数字媒介对中国文化进行学习，对中国文化的内涵进行了解和体验。现阶段，有关民族传统体育文化的传播平台在国内外已有很多，如我国的新媒体平台"快手""抖音""TikTok""bilibili"等，海外新媒体平台也有不少，主要集中在东南亚、美国等地区和国家。新媒体传播平台的不断涌现将进一步扩大民族传统体育在国内外传播的影响力，提升传播的可信度。

③联合数字化传播媒介

民族传统体育在数字技术时代迎来了良好的传播与发展机遇。

一方面，在传递和传播民族传统体育相关信息的基础上，联合多元媒介进行全面、综合传播。比如，将多媒体传播、短视频传播、互动直播传播等多种传播方式联合起来，从而使不同受众的需求得到满足，因为不同的人其阅读习惯和获取信息的方式是有差异的，所以需要联合多种不同的方式进行更加多元化的传播。

另一方面，跨界传播也发挥着重要作用，要将社交媒体平台、移动互联网平台充分利用起来，促进传播方式和媒介的多样化、丰富化，从而使民族传统体育通过传播在国内外产生更加广泛和强大的影响力。将不同的传播媒介与方式联合起来使用，能够使民族传统体育的传播与发展产生多维效果，如"人际传播"效果、"精神传播"效果等，并促进我国民族传统体育文化与国外民族传统体育文化的跨界互动与交流。

（2）数字赋能视域下民族传统体育文化传播与发展的建议

①加大对民族传统体育文化的宣传力度

随着全球化进程的加快和"一带一路"倡议的稳步实施，我国在传统文化传播、国家形象展示中将数字媒介作为主要手段加以运用。我国在中华民族传统文化发展中采取"走出去"的战略，不断加大对传统文化的宣传力度。民族传统体育运动是我国传统文化的重要组成部分，因而也成为传播的主要对象。传播具有中国特色的民族传统体育运动时，新媒体传播是便捷高效、行之有效的。有些国家的人民群众对民族传统体育非常感兴趣，我国可以在这些国家进行宣传点的设立，借助多媒体手段将中华民族传统体育展示给海外群众。此外，也可以在其他方面的互动和交流中融入民族传统体育文化的传播，提高海外受众对中华民族传统体育运动乃至中国传统文化的关注。

②利用新媒体平台

新媒体为中华民族传统体育运动的传播与发展提供了很好的平台，利用这一平台不但可以对民族传统体育运动的传播与发展形式进行数字化改造，还能够改善民族传统体育运动的传播与发展环境，促进传播与发展环境的多元化，为传播主体提供便利。这样一来，民族传统体育文化的传播与发展效果就可以不断提升。

新媒体平台的出现在一定程度上影响了人们获取信息的思想观念和行为方式，拓展了人们的思维空间，丰富了人们的生活方式，并使人们的生活空间也因此而得到拓展。利用新媒体平台不但能够将我国民族传统体育文化传播给更多受众，还能够提升中国传统文化在海外的影响力，从而提升中国文化软实力。在民族传统体育运动的传播与发展中，互联网的开放性优势使得传播主体与受众之间的双向互动更为频繁和便捷，也丰富了传播的内容，使传播与发展过程有了更多的可能性，也提升了传播与发展的实际效果。

③建立良好互动关系

互联网传播中传播主体与受众之间的互动交流显得更为重要。在中华民族传统体育运动的互联网传播中，传播者要主动与国外受众交流，并采取多种手段使受众进一步了解中华民族传统体育运动和民族传统体育文化。在中华民族传统体育运动的传播中建立友好互动关系，关键要做到以下两点。

第一，利用互联网向受众传播民族传统体育文化的内容，互联网平台要严格审核传播内容，坚决打击趁机对虚假信息和低俗内容的恶劣传播，净化互联网传播环境。

第二，线上传播与线下传播相结合。将互联网传播手段与传统传播平台结合起来，发挥各自的优势和功能，线上线下共同努力、协调配合，使中华民族传统体育运动在更大的舞台上绽放异彩。

④构建创新传播模式

在新媒体时代，新媒体技术为民族传统体育运动的传播提供了良好的支持，借助新媒体技术进行民族传统体育运动传播与发展模式的创新，在传播与发展过程中深度融合信息技术与民族传统体育运动文化，能够更好地促进中华优秀民族传统体育运动文化的发展。

第一，在数字技术的支持下开发民族传统体育运动相关产品，使越来越多的年轻人了解优秀的民族传统体育文化。

第二，保护民族传统体育运动文化品牌，促进品牌升级，对文创产品进行创新，开拓新媒体渠道，构建具有中华民族特色的民族传统体育运动文化IP体系，并将其引入数字赋能与互联网产品品牌这两个重要方向上。

第三，应用数字化技术传播民族传统体育运动时，对其他国家传统文化的数字化传播模式进行学习和借鉴，并引进国外先进的数字化技术对民族传统体育文化产品进行设计与研发，丰富产品的科技内涵、文化内涵，体现出产品的文化深度，从而增加民族传统体育运动传播的广度与深度。

⑤打造"精品化"路线

中华民族传统体育运动的传播与发展已形成多元化格局，但同时"同质化"现象也是客观存在的问题。对此，需要利用数字技术走精品化发展路线，促进民族传统体育运动的精品化发展。在数字技术浪潮下，我国民族传统体育运动文化的传播要促进传统技艺的数字化转化，推动更多传统技艺走向世界，将传统技艺转变为数字经济形态，助力中国传统文化产业高质量发展。

民族传统体育发展是一项系统工程，需要政府、企业、社会和个人共同努力。在新的历史条件下，我们要把握时代发展脉搏，立足民族传统体育文化底蕴，创新体育发展模式，推动民族传统体育事业不断迈上新的台阶，为全民健康事业和体育强国建设做出积极贡献。

第二章　民族传统体育科学训练的理论指导

随着科技的不断发展及由此带来的先进体育训练手段和方法的不断创新，人们对民族传统体育运动的训练机制、成绩影响因素等问题有了更加深刻的认识，因而运动训练理论也不断发展与完善，达到了一个崭新的发展阶段。深入研究与认识民族传统体育训练理论，有利于科学指导民族传统体育训练实践，提高民族传统体育运动训练水平和运动员的比赛成绩，因而将科学的训练理论运用于指导民族传统体育训练实践具有重要意义。本章主要从训练理论基础、训练原则方法、训练医务监督三个方面分析民族传统体育科学训练的理论基础。

第一节 民族传统体育科学训练的理论基础

一、运动生理学基础

人体活动时,主要依靠磷酸原系统(ATP-CP)、糖酵解系统和氧化系统三种供能方式获得机体所需的充足能量,这三种供能方式的供能特点如图2-1所示。

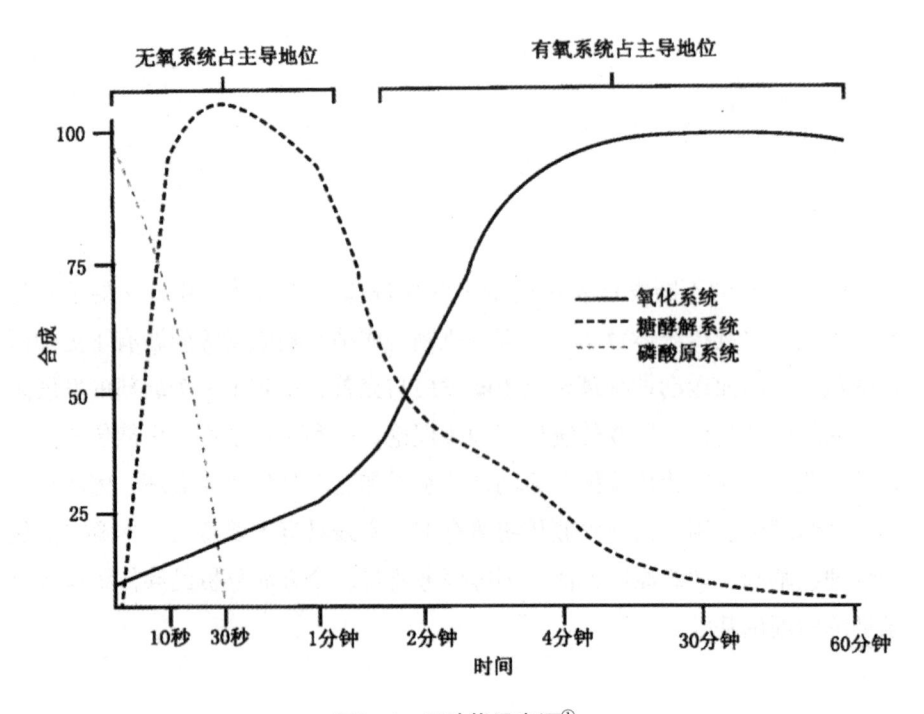

图2-1 运动能量来源[①]

---

① 杨桦,李宗浩,池建.运动训练学导论[M].北京:北京体育大学出版社,2007:24.

（一）磷酸原系统（ATP-CP）

由于人体骨骼肌中只有少部分三磷酸腺苷，所以在大强度运动中，骨骼肌能量短时间就会完全消耗，磷酸肌酸也会快速减少一半左右，在极限强度运动中，机体能量可能会完全消耗。在开始运动前2秒内，磷酸肌酸供应的三磷酸腺苷最多，第10秒时供应能力下降一半，到第30秒，供应能力明显减弱。当磷酸肌酸分解三磷酸腺苷的量变少，供能能力下降时，糖酵解系统就开始发挥主要供能作用。

在短时间极限运动训练中，磷酸原系统作为主要供能系统，在供能的同时也快速补充能量（三磷酸腺苷和磷酸肌酸），保持供能能力。通常，三磷酸腺苷在运动后半分钟就能恢复一半以上，运动后5分钟左右可完全恢复。相对来说，磷酸肌酸的恢复时间比三磷酸腺苷长，完全恢复约需8分钟。有氧代谢是磷酸原系统恢复供能的主要方式，还有部分储备的恢复主要源于糖酵解系统。

（二）糖酵解系统

糖酵解系统持续供能时间比磷酸原系统长，主要方式是利用血糖和肌糖原生成三磷酸腺苷。在运动初始阶段，糖酵解系统通过快速糖酵解供给三磷酸腺苷，运动持续两分钟后，糖酵解系统通过慢速糖酵解供给三磷酸腺苷。快速糖酵解会生成乳酸，进而转化为乳酸盐。当糖酵解反应快速发生时，影响乳酸转化为乳酸盐的能力，使乳酸堆积，造成疲劳，影响训练。在高强度、重复多、间歇短的训练中常常出现乳酸堆积现象，这就对机体能量供给速度提出了较高要求。运动持续一定时间后，快速糖酵解供应转变为慢速糖酵解供应。

（三）氧化系统

氧化系统是利用肌糖原和血糖生成三磷酸腺苷供应能量的，这是其与糖酵解系统的共同点。不同的是，氧化系统在有氧状态下供能，而糖酵解系统在无氧状态下供能。氧化系统利用糖原和葡萄糖分解供能，但糖原分解不会产生乳酸。另外，氧化系统除了通过糖原分解供能外，还能利用蛋白质、脂肪生成三磷酸腺苷来供能。在以有氧供能为主的民族传统体育运动中，运动强度决定了能量的利用，运动强度大，糖原消耗增加，糖有氧氧化产生的三磷酸腺苷成为主要能量来源。

二、运动心理学基础

（一）应激与心理能量

1.应激

当客观环境要求与自我主观能力之间不平衡时，生理和心理上都会出现相应的反应，这种特定情况下产生的生理与心理现象也被称作"焦虑状态的体验"。

在民族传统体育运动训练中，当运动员感到训练要求比自己的实际水平高时，应激就会产生，如图2-2中的左上角区域，运动员越重视训练结果，就会产生越强烈的应激；当运动员认为训练结果与自身能力不符，对训练结果不满意时，可能产生厌倦心理，如图2-2右下角区域，这种应激状态由厌烦情绪直接导致；当运动员认为训练要求比自己的实际能力低时，也会出现厌倦心理或相应的应激状态；而当运动员认为自己的运动能力与教练员提出的训练要求或客观环境的需求相符时，主客观达到平衡状态，则"流畅状态"出现的可能性大幅提升，这种状态也就是图2-2中的最佳能量区。在民族传统体育运动训练中要努力追求这种状态。

2.心理能量与运动训练的关系

心理起作用的能力、活力和强度即为心理能量，它是以动机为基础而产生的。建立在动机基础上的心理能量包括积极心理能量和消极心理能量两种类型。人在获得成功时产生的兴奋情绪与积极心理能量密切联系，在失利时产生的失落、焦虑情绪与消极心理能量密切关联。作为心理能力的动力源泉，心理能量对个体健康有非常重要的影响。

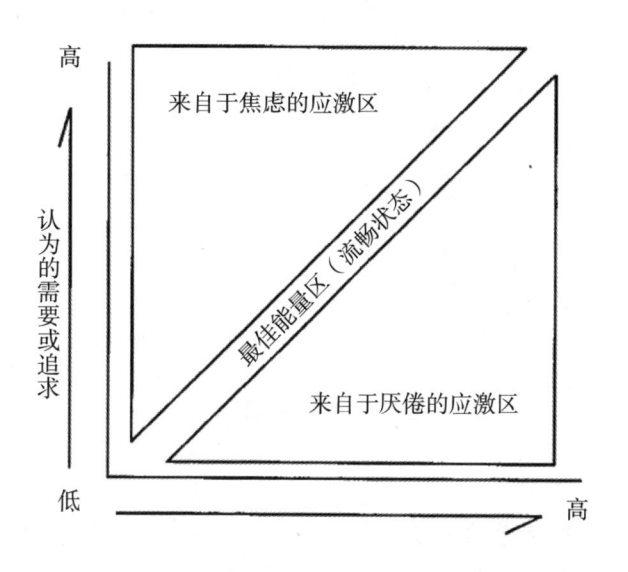

图2-2 心理应激[1]

心理能量与操作水平之间的关系可以用"倒U原理"来描述，如图2-3所示，心理动员区、最佳能量区和心理衰竭区在图中清晰标出，直观反映了随着心理能量的变化，操作水平也会发生相应的改变。

图2-3显示，当人的心理能量从低到高逐渐增加时，操作水平也相应地有序提升。当心理能量达到最佳能量区这一特定区域或特定点时，操作水平随之达到顶峰。在这个特定区域之后，心理能量即使再增加，操作水平也不升，反而下降。

直观反映心理能量与操作水平关系的"倒U原理"在运动员训练中有重要的指导意义，但目前来看，该理论在民族传统体育运动训练领域运用得比较少，如果能够深入理解这一原理，并正确加以运用，能够使民族传统体育

---

[1] 孙登科.运动训练学[M].北京：北京体育大学出版社，2006：72.

训练中很多实际性的问题得到解决。

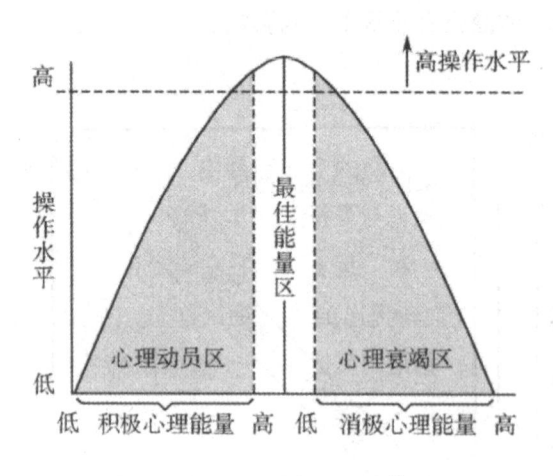

图2-3 "倒U原理"[1]

3.应激与心理能量的关系

应激与心理能量虽然是两个相对独立的维度，但二者之间存在着一定的联系，如图2-4所示。心理能量都有高低之分，应激有积极和消极之分，积极应激也是低应激，消极应激也是高应激，高应激与高的心理能量之间存在着线性关系，这是应激与心理能量关系中的一种典型表现。下面简单描述二者之间的线性关系。

（1）当运动员产生焦虑、气愤的消极情绪时，处于消极应激状态，此时心理能量较高，如图2-4中A区所示。

（2）当运动员产生厌倦、疲劳的情绪时，处于消极应激和低心理能量共存区域，如图2-4中B区所示。

（3）当运动员处于放松、瞌睡状态时，处于积极应激和低心理能量共存区域，如图2-4中C区所示。

---

[1] 马冬梅.运动训练学基础[M].北京：北京体育大学出版社，2005：141.

（4）当运动员产生愉快、兴奋的情绪时，则处于无应激和较高心理能量共存区域，如图2-4中D区所示。

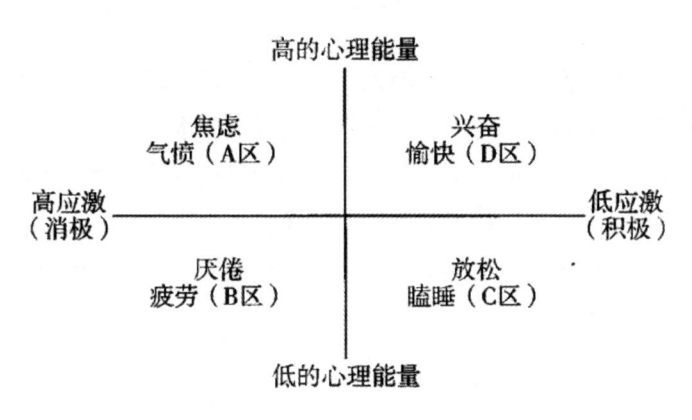

图2-4　应激与心理能量的关系[①]

（二）认知—情感—行为

在运动训练领域，教练员和运动员历来都很重视运动技能水平与运动训练成绩之间的因果关联。随着运动训练的不断发展和运动员竞技能力体系的日趋完善，运动员心理水平对运动成绩的影响也越来越受到关注与重视，体育学界关于运动员心理和运动成绩之间关系的研究越来越多，其中包括对认知、情感和行为三者连锁关系的研究，旨在提高运动员的运动心理能力，发挥积极心理对提高运动成绩的重要作用，将运动员的竞技运动潜能最大程度地挖掘出来。

人性既包含了情感，也包含了理性，是二者的高度统一。在现实生活中，充分激发个体的情感，能够使个体创造性地发挥自己的能力；而促进个体理性的升华，能够使个体的思维能力得到超常发挥。所以从本质上而言，对运动员认知、情感和行为三者连锁关系的研究反映了对运动员人性的尊

---

① 马冬梅.运动训练学基础[M].北京：北京体育大学出版社，2005：143.

重，体现了体育科研的"人性化"发展趋势。

下面具体分析运动员的认知、情感与行为以及三者之间的关系。

1.运动员认知对情感、行为的影响

认知是一个包含感知、表象、想象、思维、记忆等诸多心理要素在内的完整的心理过程。运动员的情感、行为直接受其认知水平的影响。

第一，运动员充分认识专项运动，对从事项目的规律与特点有准确的把握，便能在运动训练中产生积极的情感，运动行为也表现良好。

第二，运动员对运动项目的重要价值有深刻认识，对从事的项目感情深厚，便有可能在训练中有超常的行为表现。

2.运动员情感对行为的影响

当外界刺激作用于人体时，人对此产生的肯定或否定的心理反应就是个人情感。在个人情感中有些情感是比较特殊或程度较深的态度体验，如爱、恨、恐、悲等。运动员的个人情感对其训练有重要的影响。在民族传统体育运动训练环境中，各种刺激作用于人体，使人产生复杂的情感，而且情感随着训练环境的变化而变化。优秀运动员有良好的自我情绪引导能力和情感控制能力，能积极冷静地应对挫折，在逆境中崛起，他们一般不会将注意力长时间放在由不良因素引起的消极情绪上，而是会及时转移注意力，思考如何扭转局面，完成任务。

在民族传统体育运动训练中，当运动员的情感处于积极状态时，往往会有出色的行为表现，而如果情绪消极，则必定会造成行为上的失误或低效。情感高涨的运动员常常能突然闪现好的灵感，神经支配能力非常强，能够充分调动身体各个部位的积极性，从而在行为举动上创造奇迹。

3.运动员行为与认知、情感的相互关系

行为是认知与情感变化的产物，是一种受思想支配的外在活动。行为是否高尚，与思想和情感有密切的关系，如果人的外在行为活动是脱离思想与情感的，则没有高尚可言。同理，如果运动员缺少认知和情感，那么他在运动训练中是无法做到行为出众、表现非凡的。因而，在运动员培养中，要注意对思想和情感的培养。

运动员对专项运动理解越深刻，与之建立的情感联系越牢固，就越容易展现出丰富动人、成功出色的行为表现。

运动员的行为受自身认知与情感的支配，但当运动员因为外界因素的干扰而被迫做出行为的调整与改变时也会对自身情感产生影响，对认知过程产生干扰，最终对运动成绩造成影响。因此，在民族传统体育运动训练中对运动员抗干扰能力的培养非常重要。

总之，在民族传统体育运动训练中，运动员的认知—情感—行为是一个有机统一体，在这个统一体中，认知是开端，情感是中介，行为是终点，三者密切联系，相辅相成，缺一不可，共同对民族传统体育运动训练成绩产生重要影响。

（三）训练过程的心理定向

运动员在运动过程中的心理准备状态以及注意的指向就是运动过程的心理定向。在民族传统体育运动训练中，运动员的心理定向在很大程度上影响其行为表现，因而对训练成绩的影响很大。运动员要以平常心对待训练，将注意力放在训练过程上，不要过分关注训练结果，只有过程良好，才可能有好的结果。

民族传统体育运动训练是长期且艰苦的过程，运动员在训练中如果过分关注最终的结果，忽视了过程，就会导致心理能量过早大量消耗，对训练成绩造成影响。如果在训练中联想到将要参加的比赛，一直想如何才能赢，就会将对比赛结果的期待变成思想负担，从而无法真正全身心投入训练，影响训练效果，最终影响比赛发挥与成绩。因此，运动员无论在训练中还是在比赛中，都要保持积极的心理定向，保持平常心，以我为主，将注意力集中在过程上，不要总想结果，这对于提升运动员的训练效率和运动成绩，使其在比赛中克敌制胜具有良好的效果。

（四）运动员心理素质

1.运动员心理素质对训练和比赛的影响

运动训练以提升运动员的竞技能力为主要目的，运动员的竞技能力不仅包含体能、技术，还包含心理和智能，因此在民族传统体育运动训练中不仅要以体能训练为基础，以技术训练为核心，还要以心理和智能训练为保障。心理素质训练极为重要，现在很多运动员的实力都有了显著提升，运动员之间的技术实力越来越接近，通过训练来拉开技术差距已经很难了，因此训练的重点应该放在如何使运动员在比赛中稳定发挥或超常发挥上。在民族传统体育比赛中，如果运动员可以高度集中注意力，那么就可能激发比平时更强的身体能量，这将有利于取得更好的比赛成绩。但运动员在比赛中会受到很多因素的影响，一些不利因素会扰乱他们的思绪，使其难以集中注意力，无法保持积极稳定的心理状态，这将影响他们的比赛发挥和最终成绩。为了使运动员摆脱不利因素的影响，克服不良心理，在民族传统体育训练中必须加强心理素质训练。

在训练中，如果运动员心理素质不够强，那么将会面临诸多问题与困惑。例如，如果运动员不懂得对自己进行积极的自我暗示，那么一旦产生不良心理，这种状态就可能越来越严重，不良心理不仅会影响运动员正常完成技术，还可能会造成运动损伤等意外伤害事故。心理素质较差的运动员在训练或比赛中面对外界环境的干扰可能产生过激反应，如头晕、心烦意乱、情绪暴躁等，导致训练或比赛无法顺利进行。此外，在长期训练中，运动员也可能会因为训练内容单调、方法单一而产生消极情绪，内心抗拒训练，以至于无法正常发挥，甚至会影响到其正常生活。

2.提升运动员心理素质的策略

（1）培养价值观，树立正确目标

开展民族传统体育训练活动，必须先创建良好的物质环境，完善场地器材设施，在具备基本条件后，经过长期坚持不懈地训练来提升运动员的竞技实力。运动员不可能在短期内迅速提高竞技能力，每一次的进步与突破都是

日积月累、一点一滴的成果。因此在民族传统体育训练中，教练员要引导运动员端正态度，树立正确的价值观，要使运动员知道任何回报都是努力付出的结果，只有不断积累，有恒心，有毅力，坚持不懈，才能达到良好的竞技水平。此外，教练员要根据运动员的实际情况而制定恰当的训练目标，为训练活动的开展指引方向，避免盲目训练。恰当的训练目标能够使运动员明确努力的方向，全力以赴去达到目标。

（2）塑造性格，培养情操

在运动员心理素质训练与培养中，要特别重视塑造良好的性格和培养高尚的情操。运动员如果性格外向，阳光向上，就能够对自己的情绪进行良好的调控，自觉克服外界环境的干扰，灵活应对训练和比赛中发生的意外，保持稳定心态。这样的性格对运动员来说是非常重要的，所以在训练中要有目的性地引导运动员形成这样的性格。教练员要多与运动员交流、互动，对运动员的性格优势和缺陷有清楚的了解，建立和谐关系，指导运动员克服缺陷，完善性格。教练员对运动员的影响很大，所以教练员要以身作则，积极影响运动员的性格及其他方面，使运动员能够积极面对训练、比赛和生活，从容应对各种问题。

运动员情操的培养也是很重要的，训练和比赛总是比较紧张的，在结束训练和比赛后，拥有良好情操的运动员往往可以很好地放松身心，将注意力转移到轻松的事务中，缓解紧张情绪和愉悦身心。为培养运动员的高尚情操，应该先培养运动员广泛的兴趣爱好，让运动员在训练后以健康的方式来放松自己，多参加一些积极有趣的活动，陶冶情操，开阔眼界，净化心灵，提升精神境界，从而为参与新的训练或比赛做好心理准备。

（3）构建心理培训体系

要培养与提升运动员的心理素质，除了要树立正确的价值观，做好目标导向，塑造良好的性格，培养高尚的情操，还应该重视对心理培训体系的科学建构，使运动员学会自我情绪调控，学会调整自己的心态，从而在比赛与训练中保持最佳心理状态，提升训练和比赛成绩。提升运动员的情绪调节能力和心态调整能力、提升运动员的自信心是心理训练的主要目的。为达到心理训练目的，民族传统体育教练员应在体能训练、技能训练中融入心理训练，或专门进行心理训练，将多方面的训练结合起来，并从运动员的真实情况出发制订个性化心理训练计划，有针对性地解决不同运动员的心理问题，改善其心理缺陷，使其保持健康完整的心理和良好的个性。在心理训练中尽可能营造积极向上、健康和谐的团队氛围，使运动员之间建立良好的"战友关系"，树立集体主义价值观，协同作战，为共同目标而努力。

在心理训练中，对于比较自卑的运动员，教练员要多鼓励，使他们战胜胆怯和自卑。对于自负的运动员，教练员要时不时指出其问题，多"敲打"。总之，心理训练方案要具有科学性、针对性、可操作性和实效性，提高训练效率，切实提升与改善民族传统体育运动员的心理素质。

三、运动训练学基础

（一）运动训练学的概念

运动员为提高竞技能力，争取最佳运动成绩而系统地、有计划地努力奋斗的整个过程就是所谓的运动训练。[1]运动训练学是以各运动项目的共性为依据，从宏观层面指导和控制运动训练过程的一门体育应用学科，是对运动训练规律进行专门研究和深入探索，旨在提高运动成绩的理论和方法学，是对运动训练中的科学原理进行研究，对运动训练过程的基本理论与方法以及训练效果的检查与评定进行探讨的一门学科。[2]

（二）运动训练的特点

运动训练和一般的身体锻炼、运动教育相比具有自身的独特性，对运动训练的特点进行分析研究，有助于为开展运动训练客观规律的探索工作以及

---

[1] 王家宏，姚辉洲.运动训练[M].桂林：广西师范大学出版社，2009：4.
[2] 杨桦，李宗浩，池建.运动训练学导论[M].北京：北京体育大学出版社，2007：11.

促进运动训练效益的提升提供依据与参考。

下面着重分析运动训练的六大特点。

1.训练内容的专门性

随着竞技运动的不断发展，很多运动项目的水平都达到了前所未有的高度，竞技成绩取得了惊人的突破，创造出大量的世界纪录。不同类型运动项目对运动员的专项竞技能力有不同的要求，一名运动员几乎不可能同时从事多个性质不同的专项运动，更难以在这些运动中达到世界水平，即使运动员很有天赋，各方面能力都非常优秀，也只能同时从事几个性质接近的运动项目，而且未必每个项目都能达到优秀水平，各项目是有主次之分的。因此，大部分专业运动员只从事某一专项的训练，在从事的项目上倾入所有的身心，从专项的特点和需要出发来安排训练内容，然后集中精力进行有目的、有方向、有重点的训练。

运动训练的内容和项目具有专门性，主要是指运动员集中精力参与从事项目的专项训练，但也可以通过其他项目的训练来提高专项运动成绩，只要选择的训练项目对提高运动员的专项技能水平有利即可，由此可见运动训练的内容也比较丰富。

2.训练方法的多样性

促进运动员身心健康、身体机能水平的提高、运动素质的发展、专项技战术能力的提升以及运动智能的发展是运动训练的基本要求与主要任务，此外，还要求运动员在训练后能尽快恢复，为下一次的训练做好准备。总之，运动训练的任务很多，要求很严，必须采用多种多样的方法与手段才能完成训练任务。

身体练习是运动训练的基本手段，身体练习的方式有很多，不同的练习方式与运动专项也有不同程度的联系，我们常常习惯将身体练习划分为三种类型，分别是一般性练习、专门性练习和实战性练习，这就是以身体练习方式与运动专项关系的密切程度为依据而划分的。对身体练习方式进行分类，是为了保证运动训练方法选用和实施的针对性，通常一般性练习可以广泛应用于各运动项目的训练中。

面对多种多样的训练方法与手段，运动员必须根据专项需要，结合自身实际情况进行合理选用与有效实施，所选训练方法手段必须有利于提高专项运动成绩，促进训练效益的最优化。

3.运动负荷的极限性

在运动员科学训练中，只有将强烈的刺激施加在运动员机体上，机体才会产生深刻反应，身体机能潜力才能得到充分挖掘和发挥。运动员要适应训练和比赛的要求，在训练中必须采用大负荷甚至极限负荷的强度。不同水平运动员承受负荷的能力是不同的，所以说极限负荷是相对的，当运动员在某一训练阶段适应了自身的极限负荷之后，在下一阶段的训练中就要继续增加训练负荷了。

运动负荷的极限性特征要求在运动训练中对训练负荷进行合理安排，使之达到运动员的极限水平，与此同时还要做好医务监督和营养补充工作，保障运动员的安全和健康。

4.训练过程的长期性

运动员在持续科学的训练中运动水平不断提高，这是一个长期积累的效应，是运动员训练适应能力不断提升的过程。任何一名优秀的世界级运动员都是经过长期系统的科学训练发展起来的，任何优异的比赛成绩都是运动员常年艰苦训练的结果和回报，训练水平的提高、优异成绩的获取都不是一蹴而就的，不可能在短时间内实现。

多年科学系统的训练是运动员成才的必经之路，在漫长的成长成才道路上，会有很多因素影响运动员的训练成绩和运动水平，为了减少不良因素的影响，提高训练效率，有必要制订科学严密的训练计划，包括长期训练计划、阶段训练计划和短期训练计划，逐步实现各个阶段的训练目标，最终达到预期的训练总目标，使运动员的运动水平达到新的高度。

5.运动成绩的表现性

运动员经过长期科学系统的运动训练，竞技能力逐渐提高，最后达到一个理想的水平，但运动员的竞技水平究竟如何，要通过在比赛中的实战表现和最终的比赛成绩来评价，如果运动员在重大比赛中取得了优异的成绩，那么充分说明了训练效果是良好的，运动员的竞技水平也能得到肯定，运动员的个人价值和社会价值也会被认可。因此，在运动训练中要不断培养运动员的比赛能力，争取早日出成绩。

6.训练的个人针对性

运动员科学训练的过程也是个人不断成长与全面提升的过程，运动员的运动天赋、身心素质、技战术能力以及智力水平等都会不同程度地影响其运动成绩，而这些影响因素是有个体差异的，每个个体的这些基本能力与素质是可以相互补偿的，因此运动员必须有个人特长和优势，以此去弥补发展落后的能力和素质。

在运动训练中，教练员要从不同运动员的基本能力、个人特点出发，对其潜力进行最大化挖掘，培养运动员的特长和优势，开展具有个人针对性的训练，保证运动训练过程以个体训练为主，强调针对性和个性化训练，即使是集体性项目，也要强调不同位置和角色的队员的个别训练，将个别训练与集体训练结合起来。

强调运动训练的个人针对性，并不意味着不能采取小组或集体的形式去组织训练过程，而是要结合运动员的个人特点、个体差异去有针对性地安排，各有侧重，如此才能提高训练实效。

（三）运动训练的基本任务与完成条件

运动训练的基本任务如下。

（1）促进运动员体质的增强、身体机能能力的提升以及运动素质的全面发展。

（2）通过开展思政教育，促进运动员优良体育作风的形成和道德、意志品质的提升。

（3）使运动员熟练掌握专项运动的技战术，并能够在比赛中灵活运用。

（4）使运动员对专项训练的理论与方法有一定的把握，对运动员的独立训练能力进行培养。

上述几项运动训练的基本任务既相对独立，又相互联系、相互促进，因此在民族传统体育运动训练中必须贯彻全面综合训练原则，全方位培养运动员的思想道德品质、运动理论素养、身心素质、运动智能以及技战术能力，全面完成上述训练任务。

要完成上述几项基本训练任务，就要具备良好的基础训练条件，下列条件是否具备将直接决定能否完成训练任务以及完成情况。

1.科技发达

科技是第一生产力，科技的发展促进了训练设施的更新换代，促进了运动训练方法手段的优化创新，促进了训练信息的快速传播。民族传统体育运动训练任务的完成和训练水平的提升都离不开先进的科学技术。

2.物质条件良好

运动训练的效益、运动员的运动成绩都直接受到运动训练物质条件的影响。随着竞技体育发展水平的提高，运动训练的场地设施越来越现代化，如果没有这些良好的物质条件作为基础保障，运动训练就难以顺利开展，运动员更无法通过训练而达到世界优秀水平。

3.教练员知识水平高

教练员在运动训练中发挥着重要的指导作用，对教练员来说，不仅要有丰富的执训经验和实战经验，还要有良好的知识素质，从而在执训中依靠科学理论去指导训练，促进训练任务的顺利完成。

教练员带队参加训练和比赛，必须具备良好的科学文化素养和运动智能，必须完善自己的智力结构和知识结构，对运动训练的趋势有更加深刻地理解，从而依据先进的科学理论和训练的趋势设计创新性的训练方法与手段，提升运动员的训练质量。

4.训练体制先进

体育的可持续发展离不开先进的训练体制，判断训练体制是否先进，要看其是否与运动训练规律相符，是否与社会主义市场经济发展规律相符，是否与我国国情相适应。只有保证训练体制的先进性，才能使运动训练的产品满足市场需求，促进体育资本的有效积累和高效应用，而且对开发运动训练市场、促进竞技人才流动具有重要意义。

5.管理严格

运动训练过程复杂，只有实行科学严格的管理制度，才能优化训练过程，提高训练效率，提升训练任务的完成质量，提高运动员的运动成绩。运动训练的管理制度必须满足"科学"和"严格"两个要求。管理的科学性要求教练员运用现代管理理论与方法开展管理工作，提高管理效益和水平；管理的严格性要求教练员在训练内容、训练负荷等方面提出严格要求，采用定量管理方法和规定来督促运动员高效完成运动训练任务。

(四)运动训练管理

1.运动训练管理的含义

第一，运动训练管理是一项综合活动过程，其中涉及的科学管理方法有训练计划、训练组织、训练控制以及训练监督等。

第二，运动训练是对运动员进行多维改造的系统过程，在这个系统的改造过程中必须渗透运动训练管理的方方面面，管理内容丰富、管理方法多样、管理体制先进，更有利于优化改造过程和效果。

第三，运动训练目标是运动训练管理的出发点，同时也是管理的归宿，管理目标与竞技体育目标直接相关。

第四，运动训练的管理者必须遵循运动训练的基本规律来科学开展管理工作。

2.运动员管理

(1)明确运动员的角色

①运动员是主要管理对象

运动训练系统中，运动员是不可或缺的重要主体，运动员的训练和比赛成绩是体育工作成效的集中表现，因此在民族传统体育运动训练管理中必须围绕运动员及其活动组织开展各方面的管理工作。

运动训练管理以运动员为主要对象，运动员训练管理和比赛管理是运动员管理的重点，此外运动员管理还包括日常生活管理、文化学习管理等内容，通过全面严格的管理，确保能够有序开展训练工作，从而有效促进运动员思想政治水平、道德素养、文化水平以及运动能力的提升，最终使运动员创造优异比赛成绩。

②运动员是管理工作的参与者

运动训练管理工作十分复杂，运动员要有主人翁意识，以高度的责任感积极参与管理工作，指出管理中的主要问题，提出改进建议，从而为运动训练管理增添活力，确保管理工作与训练实际的高度适应性，有效提高训练管理成效。

（2）满足运动员的合理需要

动机与行为的产生都离不开人的内在需要，这是现代行为科学的一个基本观点。所以，要激发运动员的训练积极性，就必须了解运动员的真实需要，并努力满足他们的合理需要，解决运动员的实际问题，使运动员没有后顾之忧。只有深入了解与认真分析运动员的需要，采取针对性措施满足其需要，才能预防失去人心，才能激发运动员的正确训练动机，提高运动员参与训练和配合管理的积极性。

3.建立健全管理规章制度

在运动队管理中，要使每个队员都能对团体目标有正确地理解，并自觉维护团体目标，为实现团体目标而努力训练，将实现团体目标作为自己的行为准则。为了使运动员正确认识和深入理解团体目标，促进其认知水平和理解力的提升，要对每个队员进行深入的思想教育，防止运动员因不理解团体目标而出现心理障碍，做出不利于实现团体目标的行为。

当运动员确实存在与团体目标背道而驰的不良行为时，管理者要运用规章制度来及时约束和制止，进行强制性管理。运动训练管理系统的有序运行离不开法律的约束和保障，法律具体表现在规章制度上，没有明确的规章制度，是无法实现管理目标的。在运动员管理中必须遵循动之以情，行之以理，约之以法的基本原则，为确保运动员管理工作的顺利开展并取得实效，必须建立健全相关规章制度。

4.训练过程的控制与管理

（1）运动训练过程的控制

运动员运动训练过程的控制就是通过采用科学的方法策略，推动运动训练过程的有序运行，顺利达到预期的训练目标。运动训练目标能否实现，一定程度上取决于对运动训练过程的控制效果。所以，在民族传统体育运动训练过程管理中，教练员和运动员作为控制者必须科学规划、认真落实以及灵活调整运动训练过程，切实优化运动训练过程，提升训练成绩。

运动员运动训练过程的控制包含下列三个环环相扣的环节。

①对运动训练过程的科学规划

这一环节的工作要点如下。

第一，对运动员的现实状态做出客观诊断和评价，为制订专门性的运动员训练计划提供依据。

第二，对运动员的现实状态、训练潜力进行科学分析和准确判断，设计合理的训练目标。

第三，对各阶段的训练任务、内容与方法等进行科学规划，保障各阶段训练效果的延续性。

第四，对运动员训练效果评估指标与方法进行设计。

②对运动训练过程的认真实施

运动训练目标的达成离不开教练员和运动员对运动训练过程的认真履行和实施，所以必须认真做好每个阶段、每个时期、每节课的训练组织工作。民族传统体育教练员要依据运动训练的基本规律、科学理论和先进方法去开展与指导训练工作，加强对运动员的思想教育，提出严格要求，认真检查运动员的训练过程，促进运动员运动成绩的提升。

③对运动训练过程的及时调整

对运动训练过程的调整是运动训练管理系统的组成部分之一，是有效控制与优化运动训练过程的有效途径。在这一环节要做好对决策的调整，然后及时传递新的指令，不断优化训练。

在运动训练过程中会有大量的各种各样的信息产生，有些信息能够将运动员的现实状态反映出来，参考这些信息能够对运动训练过程进行有效组织与控制。所以，在民族传统体育运动训练过程控制中储存这些有价值的信息是非常必要的。在基础训练阶段，存储训练信息主要采用档案袋存储方式，档案的内容与训练诊断的内容要充分对应，通过存储信息而对运动员的训练过程、训练结果、竞技能力以及运动成绩等基本情况进行完整记录。记录存档则主要采取直观简便的表格形式，见表2-1和表2-2。

表2-1 运动员训练经历[①]

姓名　　　填写时间　年　月　日

阶段	项目	起止年月	训练地点	教练员	主要训练任务	比赛最高成绩及（或）最好名次
业余训练						
省队训练						
国家队训练						
获得等级称号时间	一级		何时打破何项全国、世界纪录		何时受过何种奖励或处分	
	健将级					
	国际健将级					

---

① 王家宏，姚辉洲.运动训练[M].桂林：广西师范大学出版社，2009：78.

表2-2　运动员大周期训练情况

| 姓名 | | 项目 | | 教练员 | | 起始水平 | | 指标 | | 实现 |

阶段划分	准备期			比赛期			过渡期	
起止日期								
天数								
训练日								
训练课次									
	共计								
负荷量									
负荷程度									

对运动员的训练信息进行存储时，要正确使用档案存储法，具体要求如下。

第一，测试信息必须准确、可靠、真实、有效。

第二，对负荷数据的标准要统一规范，以便更好地对比数据。

第三，档案的保存可以采用活页的形式，为分类存储和查阅提供便利。

第四，将训练档案的信息充分利用到运动训练过程的相应环节中，如设计环节、计划环节、评价环节以及调整环节等。

（2）运动训练目标管理

对运动训练目标的制订是运动训练过程管理的第一个子程序。运动训练目标是运动训练活动的开端，也是训练的归宿，因此在民族传统体育运动训练过程管理中要特别重视对运动训练目标的管理。训练管理者的科学决策水平和决策能力往往决定了训练目标开发的科学性和正确性。

关于运动训练目标制订的决策是有竞争性和风险性的，因此给制订工作带来了难度，对此我们要充分重视起来。运动训练目标最终指向参赛成绩和名次，因此具有不确定性，会因为竞争对手而发生变化，还有一些不确定的因素也会对其产生影响，包括社会因素、政治因素、经济因素、文化因素等。众多因素的影响又进一步增加了运动训练目标制定与实现的难度，这就要求在运动训练目标的制订中留一些余地，既不能定得过高，也不能定得过低，要充分论证训练目标实现的可能性，并不断优化目标。

在制订运动训练目标以后，还要对目标分析给予足够的重视，目标分析要细致、全面，构建的运动训练目标体系要达到层次清晰、内部协调统一的要求，通过分析使运动训练目标具有更强的可监控性。

（3）审批运动训练计划

教练员应科学诊断运动员的起始状态，针对运动员的实际情况制定训练策略，设计训练计划。对训练计划的审批也是运动训练过程管理的一部分，审批工作主要从以下几方面展开。

①审查诊断的科学性

对运动员起始状态的诊断工作结束后，要对诊断的客观性、可靠性和有效性进行审查，并对诊断结果的准确性进行审查。

②审查训练对策的科学性

对训练对策的可行性、必要性、可操作性以及有效性进行审查，这些都属于训练对策科学性审查的范畴。通过审查，去除非必要的对策，调整或修改可行性不高以及缺乏有效性的对策。

对训练对策的科学性进行审查时，关键要看训练对策是否有利于使运动员的竞技能力得到全面有效的提高，是否能够顺利实现预期的训练目标。

③终审

训练计划是关系到接下来运动训练活动开展的具体方案，未来训练活动能否顺利开展，运动训练目标能否顺利实现，都要以制订科学合理的运动训练计划为基础。因此要在终审阶段审查运动训练计划的明确性、系统性和可行性。

审查明确性：计划目标是否明确；检查评定标准是否明确。

审查系统性：运动训练计划内部是否协调统一。

审查可操作性：现实条件下能否顺利实施训练计划。

完成以上审查后，管理者决定是否批准实施训练计划。

（4）监督运动训练计划的实施

在训练计划的实施过程中，运动训练管理者要做好监督工作，但不能直接对教练员的训练工作进行干预，而要通过间接管理的方式来监督，主要就是对训练计划中横向和纵向目标的完成情况进行检查。如果训练任务的完成情况与计划目标不符，要及时向教练员反馈，与教练员共同商讨改进策略。

（5）运动员训练负荷的合理安排

训练负荷是由训练量和训练强度决定的。有关研究指出，在运动训练中，要循序增加训练次数，只要不造成过度训练，就可以持续不断地增加练习次数。运动员的训练频率越高，训练适应效果越好。每次训练课上适当增加训练次数，能够促进运动员生理适应能力的提升。但训练量的增加不是盲目的，而要综合考虑多方面的因素，包括运动专项、训练阶段特征、训练目标、运动员需求等。

训练强度对训练负荷也有重要影响，但训练强度不能像训练量那样一直持续不断地增加，长期进行高强度训练，不利于产生稳定的生理适应。而如果运动员不具备稳定的生理适应性，就容易出现过度训练症状，并造成运动成绩的起伏波动。而如果进行适宜强度的训练，就能使运动员的生理适应过程更加稳定。要达到最佳生理适应水平，就要对训练量和训练强度做出系统改变与科学调整。

训练量和训练强度是运动负荷的两个重要方面，平衡训练量与训练强度的关系有利于保障运动负荷的科学性与合理性，这是运行训练过程中必须贯彻和遵守的一项基本原则。

不同训练阶段的训练量、训练强度各有侧重，存在差异，二者的关系也因此而发生变化，这个变化具体从训练时间、训练内容、训练方式等多个方面的调整与变化中体现出来。例如，在训练准备阶段早期，训练内容以身体训练为主，身体训练方式又以大负荷训练为主，并通过增加训练量和减小训练强度来完成大负荷训练。经过这个阶段的训练后，在身体训练过程中就要不断增加训练强度，同时逐渐减少训练量了。技战术的训练就成为训练的主要内容，这时为了提高技战术能力，取得优异的运动成绩，要将训练强度逐渐增加，同时训练负荷量要适当减少。总之，要根据不同训练阶段的不同侧重点来对训练量与训练强度的关系进行调节。

（6）处理突发事件

训练过程受到诸多因素的影响和干扰，在训练中有突发事件也在所难免，运动训练管理者必须及时妥善地将突发事件处理好，遏制突发事件造成的恶劣影响，将损失降到最低。

针对训练过程中可能出现的突发事件，要提前做好预案。当突发事件出现后，要第一时间了解真实情况，分析根本原因，最后提出解决对策。必须及时对突发事件进行处理，防止突发事件的影响扩大，对运动训练造成严重影响。

四、系统理论与创新理论

（一）系统论

1. 系统论

系统论是马克思主义哲学在系统科学领域的具体化，在系统科学领域发挥着世界观和方法论的作用。系统论是人们从哲学视角理解与概括系统基本原理和方法后形成的观点体系，它既有相对独立性，又包含在系统科学体系中。

系统论揭示了世界的系统整体性，并认为系统整体性是世界统一性的表现形式之一。系统论从系统及其结构、层次与功能等方面的统一性这一角度回答了世界是什么、怎么样的问题，并进一步揭示了世界的统一性还表现为世界的演化发展等诸多现象。系统是系统科学的中心概念，是构造系统论的最基本、最重要的范畴。系统概念浓缩了系统论的精华，是系统论的精髓和内核。

2.系统科学理论指导下的科学训练

(1)树立系统训练理念

系统论要求在民族传统体育运动训练中对整个训练过程、各个训练阶段、各项训练内容以及各种训练方法进行科学、合理、高效地安排。训练本身是比较复杂的系统，涉及体能、心理、技战术、智能等诸多素质的训练，所以必须从整体视角出发有计划地设计与规划，明确目标，合理布局，提高全局效果。在制订训练计划时，要保证定量分析的精确性，合理安排训练顺序与各部分内容的比例，并提出训练要求。

运动训练是有组织、有目的、有计划的训练过程，是从数量积累过渡到质量提升的过程，是在反复不断的实践中形成自动控制训练模式的过程，在整个过程中要做好对各项训练因素的规划与管理。

运动员的选拔、培养、训练与发展是一个复杂的过程，教练员必须树立系统观、整体观和全局观，从整体的角度思考如何培养优秀的运动员，如何提高运动员的运动能力和比赛能力，如何使运动员获得可持续发展，并在高水平赛事中不断取得新的突破。从整体视角出发思考这些问题，加强宏观管理与调控，从微观着手各项训练与培养工作，从而促进运动员的长远发展。

(2)确定训练系统，制订训练计划

在系统论指导下开展民族传统体育训练工作，要从运动员的运动能力、体能素质、技战术水平以及个体差异出发，并结合专项特征和预期训练年限将训练系统确定下来，并制订科学可行的长远训练计划及各阶段训练计划，在每次训练课中合理安排训练内容、采取有效训练方法，逐步落实各项计划，实现阶段目标。

训练系统由诸多子系统构成，只有合理排列各个子系统，才能使整个系统的发展达到最佳效果。从运动技能训练的一般规律出发，在运动训练中应该先安排体能训练，再进行技术和战术训练，技战术训练要结合实战进行。心理和智能训练要贯穿在其他子系统中。

(3)有效处理各系统之间的关系

运动训练系统中各子系统之间以及子系统中各要素之间都是密切联系、

相互作用的。因此,在民族传统体育运动训练中要兼顾每个子系统,可以有所侧重,但不能忽略任何一个子系统,要促进各系统的协同运作与共同发展,从而全面提升运动员的体能素质、技战术能力以及心理智能水平,并强化运动员的思想作风与体育精神,培养全面发展的优秀运动员。

(4)正确处理训练与比赛的关系

比赛是彰显运动员竞技能力的窗口,是检验运动员训练效果的重要手段。对运动员而言,训练的最终目的就是提高比赛能力,在比赛中有好的发挥,取得优异成绩。优秀运动员在比赛中的所有突出表现以及最终取得的胜利是长期坚持训练的结果,没有系统的训练,就没有比赛的胜利。

需要注意的是,训练成绩和比赛结果之间不能划等号,运动员在比赛中的表现和最终的比赛结果除了受自身运动技能因素影响外,还受到团队协作、对手实力、周围环境等因素的影响。因此,民族传统体育运动员要在比赛中取得好成绩,既要加强全面系统的训练,保持最佳竞技状态,还要求运动员在集体项目中重视与队友的配合,并提升自己的临场应对能力以及环境适应能力,这些都应该作为日常训练的内容,这样才能将运动员的运动技能转化为团队集体比赛的能力。

(二)创新理论

1.运动训练创新概述

(1)运动训练创新的概念

运动训练是指为全面提高运动员的竞技能力,使运动员创造优异的运动成绩而有针对性地进行的体育实践活动。运动训练创新是指为提高运动员的竞技能力和竞争优势而进行的改变主体认识、变革训练管理制度以及开发新技术等一系列活动的综合过程。[1]

创新是事物持续发展的动力,民族传统体育运动训练的发展离不开创新,只有不断创新才能不断实现训练成绩与比赛成绩的突破,才能使运动员

---

[1] 刘钦龙.运动训练创新理论研究[D].北京体育大学,2007:8.

获得长远的发展。

（2）运动训练创新的特点

运动训练创新具有以下几项基本特征。

①训练认识创新的持续性

在运动训练创新系统中，居于核心地位的是主体的认识创新，创新主体不断增加知识存储量、不断优化知识结构是实现认识创新的重要条件。创新主体不断学习与掌握新知识，丰富知识储备量，提高自我认识水平，并自觉优化知识结构，加强外部知识拓展，建立内部知识与外部知识的连接渠道，进而实现认识的创新。

教练员作为运动训练创新主体之一，只有不断丰富自己的专业知识，优化知识结构，才能准确、深刻地把握运动项目的本质特征、训练成绩影响因素以及制胜规律之间的联系，进而更好地制订专项训练计划，对训练内容、训练方法做出最佳选择，进行最优搭配，从而促进训练效率与质量的提高。教练员主体认识的创新以及创新能力的不断提升是运动训练持续创新的重要条件。

②训练创新的集群性

运动训练创新形态具有在一定时空内成群出现的特征，这就是运动训练创新的集群性。下面具体从时间与空间两个维度来理解运动训练创新的集群性特征。

时间维度：在比赛之前，训练过程、训练制度的创新往往是集中出现的，目的是提高比赛成绩；在比赛结束后，运动主体的认识创新与技术创新常常会集中出现，目的是通过改变训练思维和采用新技术而争取下次比赛的优异成绩。这反映了运动训练创新在时间维度上的集群性。

空间维度：某个项目专业教练员或运动员训练理念或技战术的创新可能会启发其他项目教练员或运动员的训练理念与技战术创新。或者，某个项目中个别教练员或运动员的训练理念创新引发其他训练主体的思维创新和技术创新，这是训练创新的集群性在空间维度上的体现。

（3）创新结果的实效性

将新的训练观点、训练方法以及新技术引入运动训练中，从而取得了良好的训练效果，这就是运动训练创新结果的实效性。如果新的训练理念、训练方法或新的技术运用到运动训练过程中后提升了运动训练系统功能，提高了运动员的运动能力和竞技水平，那么就说明运动训练创新取得了成功，并从训练结果中得到了体现。

运动训练创新的效果如何，主要看采用新思想、新方法、新技术之后训练结果如何，可见训练结果的实效性是一个主要衡量标准。判断训练效果时，主要从以下三个方面着手。

第一，运动员的运动能力是否得到提高。

第二，运动训练的效益是否得到提高，即是否通过减少训练投入或缩短训练时间而达到与之前相同或超过之前的训练效果。

第三，运动员和教练员的专项素质是否得到提高，关键是运动员的体能和技战术能力是否得到提高；教练员的执教与管理经验是否有效积累以及专业执教能力是否提高。

民族传统体育运动训练创新一旦取得成功，将加速促进运动员和整个团队竞技实力的提高，并在一定时期内表现为训练主体素质提升、训练效益提高以及训练成绩增长。

2.创新理论下民族传统体育训练的创新

（1）学习专项训练理论，树立创新观念

我国民族传统体育的竞技水平与现代体育相比还有一定的差距，这与民族传统体育训练指导思想、训练方法以及专项理论发展滞后有直接的关系。对此，我们要主动学习与借鉴国外的先进训练理论和训练方法，并根据运动训练规律，结合我国国情和各项目发展现状进行有目的性、方向性的学习，在学习过程中要注意理论方法的创新，敢于创新，不断推陈出新，掌握最前沿的理论和最先进的方法。

民族传统体育训练创新是一个循序渐进的过程，短时期内难以实现质的飞跃，教练员和运动员都要积极思考，勇敢探索和创新，从每次训练课、每个训练方法着手创新，达到通过创新而提高训练效益的目标。

此外，在民族传统体育训练创新中要不断继承前人的创新成果和成功经验，在此基础上继续将训练引向新的创新道路上。各类创新主体还要加强交流与合作，分享创新体验与心得，共享创新资源，共同推进我国民族传统体育训练的创新和竞技水平的提升。

（2）运用多学科知识，提高训练的科学性

随着现代科学知识在运动训练领域的不断渗透，竞技民族传统体育的发展对学科知识应用提出了很高的要求，需要在训练研究中从训练学、生理学、生物力学、心理学、信息学等多学科出发进行交叉研究，只有综合运用多学科理论知识，提高科研技术含量，增强科研队伍的专业能力，才能有效提高我国运动员的实力。

（3）正确认识全面训练和专项训练

在运动训练中，教练员要充分认识全面训练和专项训练的特点、作用和优势，实现从全面训练到专项训练的合理转化。在全面训练阶段，关键要打好基础，然后及时进行专项训练，根据运动员的个体差异"因材施教"，使每个运动员的潜能得到最大化激发、优势得到最大化发挥，这样才能使一个团队保持良好的竞争力，在高水平比赛中取得好成绩。

（4）提高教练员的执教能力

民族传统体育运动训练的发展乃至整个民族传统体育竞技事业的发展在很大程度上受到教练员的影响，包括基层教练员、俱乐部教练员以及国家队和地方队教练员。教练员是落实训练理念、实施训练计划的重要组织者与指导者，因而必须重视对教练员这一创新主体的培养，具体可以从以下几方面落实培养工作。

第一，给予教练员一定的待遇和人文关怀，使其下定决心踏实工作，努力向上，自主创新。

第二，对教练员选聘制度进行改革，并从国外引进高水平教练员，学习和借鉴国外运动训练的经验、理念与方法，加强我国教练员与国外优秀教练员的交流，促进我国教练员的成长。

第三，组织教练员学习交流和出国深造，严格落实教练员考核制度，提高教练员的执教水平。

第四，采取上下结合、长期与短期、分散与集中、"送出去、请进来"等方式培养复合型教练员人才，提高教练员培训质量。

第二节　民族传统体育科学训练的原则与方法

一、民族传统体育运动训练的基本原则

民族传统体育运动训练的基本原则，是教练员组织运动训练以及运动员参与民族传统体育运动训练都必须遵守的基本准则，基本准则是根据运动训练的客观规律制定的，在指导民族传统体育运动训练组织实施过程以及保障良好训练效果方面具有重要意义。民族传统体育运动训练的基本原则具有相对稳定性，在一定的历史时期内能够普遍用来指导训练实践。随着民族传统体育运动的不断发展，民族传统体育运动训练也发生了新的变化，因而要求不断充实与完善民族传统体育运动训练的基本原则，以更加科学合理的基本准则去指导训练实践，保障训练效果。下面具体分析民族传统体育运动训练的基本原则。

（一）适宜负荷原则

1.原则概述

在民族传统体育运动训练中，对运动负荷的把握是训练的核心，也是训练的难点。在增加负荷时，需要遵循人体的基本发展规律，考虑运动员个体的特性，选择适宜的负荷进行训练。任何以提高运动员竞技能力为目标的训练都应贯彻适宜负荷的训练原则。适宜意味着训练目标不能脱离实际，训练负荷不能过大或者过小，负荷过小无法引起机体必要的应激反应，若负荷过大又会出现不良反应。

2.理论依据

（1）机体的生物适应现象

机体的应激以及适应变化往往保持在一个适度范围内。在这一范围内，

负荷量越大，对机体的刺激越深，引起的应激越强烈，机体变化就越明显，竞技能力也显著提高。

（2）过度负荷带来不良反应

如果负荷控制不得当，比如负荷过大，远远超过了人体当下的接受能力，那么会带来负面作用。也就是说，运动负荷量并非越大越好，这是因为，机体的生物适应现象只发生在适宜的条件下，也就是负荷适宜、方法适宜等，如果负荷超过了机体的承受范围，会直接给机体带来损伤。需要注意的是，过度负荷不仅是指生理方面，同时也包括心理方面。无论是过度的生理负荷，还是过度的心理负荷，都会引起机体不适应的症候。而且，心理不适应和生理不适应的反应不是完全割裂的，某些症候是复合的，过度的生理负荷有时也会引起心理不适症状。当运动员在训练中出现不适应症候时，应充分休息，采取措施积极恢复，否则会对机体造成严重危害，甚至影响运动生涯。因此，在民族传统体育运动训练中要注意采用适宜负荷，避免运动员机体出现不良反应。

（二）区别对待原则

1. 原则概述

区别对待原则也是基本的训练原则之一，它指的是在训练过程中，需要以人为本，对不同运动员区别对待，目的是争取让每个运动员都能在最佳状态下进行训练，使每个运动员都获得最佳训练效果。在制订训练目标、选择训练内容、安排训练负荷时，都要做到区别对待。即便是同一个运动员，在不同的时间也会呈现不同的状态，如果在运动员的不同状态下都采用同一种训练方法或者训练负荷，就不能称作是科学的训练方法，训练效果必然会大打折扣。

2. 理论依据

（1）运动专项竞技需要的多样性

区别对待原则首先是源于对不同项目的研究，不同运动项目对运动员的要求具有一定的差异性，不同专项运动员的竞技能力是千差万别的。因此民族传统体育运动的专项训练目的和内容应与其他项目区别对待。

（2）运动员个性的多样性

每个个体都是独一无二的，每一名运动员具有各自独特的身体条件、运动条件以及个性，要想挖掘和发挥他们的最大潜能，就需要遵循区别对待原则进行训练。

（三）自觉性原则

1.原则概述

自觉性原则是指在训练过程中运动员应自觉听从教练员的指导和安排，并且具有一定的自律意识，能够自觉、主动地练习，主动体会训练的意图，将训练目的与训练过程有机联系，民族传统体育运动员还应自觉参与制订训练计划，主动向教练提出自己的训练诉求，和教练员共同完善训练计划，并自觉为将要参加的比赛做准备。自觉训练应成为运动员内化的思想意识，这对运动员持续进行训练具有积极意义。

2.理论依据

（1）在民族传统体育运动训练中要充分发挥运动员的主观能动性，运动员始终是训练的主体，是技能的接受者。运动员应当有意识地承担起运动训练主体的责任。事物不断发展，外因只是事物变化的条件，内因才是变化的根本，运动员自觉训练是民族传统体育运动训练可持续发展的根本。

（2）在民族传统体育运动训练中贯彻自觉性原则的另一个依据是运动员对所从事项目的热爱，对训练目的、训练任务和训练作用的主动认可和接受。也就是说，当运动员对自身未来发展有规划，对自身从事的民族传统体育运动项目产生强烈认同感时，就会产生从事民族传统体育运动训练和比赛的积极情绪。

二、民族传统体育运动的主要训练方法

要想取得理想的训练效果，必须采取科学合理的训练方法。无论是高水平民族传统体育运动员还是处于基础训练阶段的运动员，以下训练手段或方法都可以选择性地运用（图2-5）。

图2-5　民族传统体育运动的主要训练方法

（一）重复训练法

重复训练法是指重复同一个练习且安排相对较充分间歇时间的训练方法。通过多次重复某一练习，一方面可以增加训练强度，达到理想的负荷；另一方面可以巩固对单一动作的熟练程度。

采用重复训练法时，要求在高强度状态下完成训练任务，高质量、高标准地完成每次练习。一般来说，重复训练法具有间歇时间相对充足的特点，为了保证磷酸原供能系统的再合成，间歇时间一般为3～5分钟。如果在某一训练中间歇时间过短，有可能发生供能系统转移的情况，不利于训练的顺利

进行。

（二）间歇训练法

间歇训练法是指在训练过程中严格规定次与次、组与组的间歇时间，要求机体在不完全恢复状态下反复训练，有助于提高机体抗乳酸能力和持续运动的能力。

间歇训练法最显著的特点是严格限制间歇时间，使机体在不完全恢复状态下再次进入运动状态，使机体代谢产生明显变化。所以说间歇训练法在各种训练方法中总负荷相对较大。在民族传统体育运动训练中，一定要依据运动员的具体实际合理地安排运动负荷和间歇时间，确保机体的有效恢复，这有利于下一步的训练。

（三）循环训练法

循环训练法是指在训练过程中，练习者按照设置点位的形式，依据一定的路线、顺序逐个完成每站训练任务的一种训练方法。循环训练法在结构上包括每站练习的内容和负荷；站与站之间的顺序、间歇；组与组之间的间歇；站点总数以及循环组数。

循环训练法对整个训练结构要素有较为严格的要求，不仅规定了训练内容、强度、持续时间、间歇时间等，还要求按照给定的顺序依次完成训练任务。此外，循环训练中平均每个站点的负荷相对较小，但总的负荷非常大，对练习者的心肺功能有较高要求。

在民族传统体育运动训练中采用循环训练法，设置多个点位，如基本功练习、基础动作练习，通过安排一系列站点与内容，充分满足运动员的训练需求，这对于提高训练效果具有重要意义和作用。

采用循环训练法可以激励运动员克服困难、挑战自我、超越自我。采用循环训练法还可以预防训练主体在训练中产生枯燥乏味的消极情绪，多样化的训练可以促使运动员更好地坚持下去，顺利完成训练任务。

（四）变换训练法

在民族传统体育运动训练中，引起运动员良好训练适应的一个重要因素是恰到好处的训练变化。当运动员进入新一轮训练，准备完成新的训练任务时，刚开始训练效果会很明显，运动水平会得到快速提升。但训练一段时间后，如果训练计划和负荷类型依然保持原状，那么运动水平提升的速度就会减慢。有时单调式的过度训练就是因为训练中缺乏变化而导致的。如果训练刺激长期不变，运动员训练热情就会慢慢减退，训练效果也不会很明显，运动成绩甚至会出现下滑的迹象。有研究指出，运动员训练效果不佳与单一重复的训练计划直接相关。

训练的单调性可以采取周期训练的方式来克服，周期训练也能够使运动员的生理适应得到本质上的增强。一直采用单一重复的训练计划和不断变化训练计划都是不可取的，周期训练是一种折中手段。周期训练中，训练变化必不可少，对训练负荷和训练内容的适度调整与改变能够使运动员在训练中达到最佳训练适应状态。如果一直采用一种训练计划，或训练变化不合时宜，那么很可能因为神经系统疲劳，无法正常接受刺激并产生预期的生理适应，从而导致运动员几乎不可能达到最佳运动能力。

训练变化的形式是多种多样的，如在小周期的训练中，训练变化主要是通过对训练量、训练强度、训练形式以及训练密度等因素的调整与改变而实现的。此外，有研究指出，要引起训练变化，也可以将新的训练任务引入训练计划中，或者对特定练习方式进行周期性组合。这种训练变化方式能够促进运动员训练适应的增强，而如果在执行新的训练任务时发现运动员的训练适应并没有达到预期，也可以从训练计划中移除该任务，再用全新的、能够引起运动员良好训练适应的练习方式来补充与替代。

要提高民族传统体育运动训练的质量和效果，需要在训练时对训练内容、训练形式以及训练负荷等进行变换调整，通过变换与调整训练形式，能够激发运动员的训练兴趣，促进良好训练效应的产生。通过变换与调整训练内容，能够促进运动员身体素质的全面发展和运动技能的提升。通过改变训练负荷，能够使机体适应不同负荷刺激，促进机体组织系统功能的改善。

为了提高变换训练法的适用性，需要根据训练目的灵活改变训练因素，除了改变训练形式、训练内容和训练负荷外，还能改变训练时间，如果遇到训练时间与突然的训练任务发生时间冲突时，需要灵活调整训练时间。这一训练法适用于多数项目的训练，包括民族传统体育运动。

变换训练法对吸引民族传统体育运动员积极参与训练具有重要的意义和作用。如果在训练中不断重复单一的训练内容，采用少数几种训练形式与方法，那么运动员就很容易厌烦和放弃，这对其发展不利，而如果可以对训练形式、训练内容、训练方法，或者训练器材、时间等进行适度变换与灵活调整，就能有效激发运动员参与训练的兴趣，从而提高训练水平和效果。

（五）游戏训练法

游戏训练法是以游戏方式进行训练的方法，有明确的游戏规则，练习者在规则范围内进行主动性和创造性的活动，从而完成游戏任务，达到预期目标。这一训练方法具有较强的趣味性，能在一定程度上吸引运动员的注意力，激发其参与训练的兴趣。

游戏训练法是在游戏环境下实施的，游戏环境是不断发展和变化的，运动员在遵守游戏规则的同时需要在不同的环境下灵活应变，将自己的能动性和创造性充分发挥出来。民族传统体育运动本身就源于民间民俗文化中，具有明显的趣味性，因此非常适合采用游戏训练法。民族传统体育运动训练中可以采用多种多样的游戏内容与形式，不同体能水平、运动水平的运动员都可以找到适合自己的游戏训练方法，针对不同的套路训练内容也能灵活设计游戏训练方式，可见游戏训练法的应用非常灵活。

在民族传统体育运动训练中设计与选择游戏，要参考训练任务、训练目的、训练对象的特点以及训练内容等诸多因素，要有针对性地设计与选用游戏，提高游戏训练的科学性。

(六)竞赛训练法

竞赛训练法指的是通过各种竞赛方式(身体素质竞赛、游戏性竞赛、训练性竞赛、适应性竞赛、测验性竞赛等)组织训练的方法。该方法能有效提高民族传统体育运动员的技能水平和表演能力。

在民族传统体育运动训练中运用竞赛训练法需注意以下两点。
(1)在恰当的时机组织竞赛,明确竞赛规则。
(2)在竞赛中结合运动员的具体实际安排适宜负荷。

第三节 民族传统体育科学训练的医务监督

一、民族传统体育运动训练中运动性疲劳的消除

在较长时间或较大负荷的身体活动中,人的身体机能、机体工作能力可能会暂时性降低,这时基本可以判定机体处于疲劳状态。一般的疲劳只是暂时的,在休息或采取其他干预手段后,疲劳症状会逐渐消失,机体工作能力将恢复到活动前状态。当身体出现疲劳信号时,主观上会感觉到身体不适,客观指标测试结果也会显示异常,这时我们要清楚,机体承受的负荷已经比较大了,必须停止继续给机体施加负荷,而如果依然采用之前的负荷强度,甚至增加负荷,那么身体会陷入过度疲劳状态,将影响身心健康。疲劳是一种保护性生理反应,它在提示人们当下机体承受的负荷足够大了,不能再继续加大负荷了,如果违背规律而出现过度疲劳,那么普通的生理现象就可以演化为病理现象。

民族传统体育运动员在艰苦的训练中产生运动性疲劳是在所难免的。运动性疲劳只是机体的生理过程不能维持其机能在某个特定的水平上或不能维

持预定的运动强度。运动性疲劳往往伴随着体内能量元素的减少，同时也伴随着肌肉用力顺序的紊乱、神经刺激传导过程无序和混乱，也就是机体相关联结紊乱，这时身体机能水平和机体活动能力明显下降。民族传统体育运动员在训练中发生的运动性疲劳具有以下特点。

（1）由训练引起，既包括身体疲劳，也包括心理疲劳。从疲劳发生的部位来看，可能是整体疲劳，也可能是局部疲劳。从身体机能来看，不同身体系统都有出现疲劳的可能，如呼吸系统、心血管系统等都有可能疲劳，有时也表现为肌肉的疲劳，如骨骼肌疲劳。

（2）出现疲劳后，疲劳部位的功能会暂时性下降。

（3）运动员在训练中出现疲劳后会自感不适，如心跳加速、呼吸不畅等，而且测试一些客观指标，如心率、血压等，结果往往也是异常的。

（4）身体机能水平的下降是暂时的，结束训练后，经过合理补充营养、充分休息等方式可以自然而然地消除疲劳。

运动员在训练中发生疲劳属于正常的生理现象，在训练中要防止出现过度疲劳，训练结束后也要及时采取措施进行疲劳干预，快速消除疲劳。常见的疲劳消除方法有以下几种。

（一）合理补充营养

在训练中出现疲劳症状的运动员，在结束训练后要通过合理补充营养来消除疲劳，促进身心恢复。科学合理地补充营养，有助于使运动员的产能反应得到改善，促进机体内环境维持稳定状态，使机体疲劳症状尽快消失，使体力恢复到训练前的正常状态。训练结束后的营养补充以常见营养素为主，如蛋白质、糖、电解质、维生素、矿物质等。有时也可以通过补充酸性盐类、碱性盐类、强壮食品等达到抗疲劳的效果。

需要注意的是，运动员在训练中因出汗而导致机体水分大量流失，这样很容易引起疲劳，严重时还会出现脱水现象，所以不管在训练中还是训练后都要注意饮水。训练中饮水不能以口渴为信号，如果在口渴后才饮水，此时机体缺水已经达到一定程度了，这会严重影响身体活动能力，增加损伤的发生率。所以，民族传统体育运动员在训练中要适时饮水，而不应该在口渴时才饮水。训练结束后也要及时补水,补充机体流失的水分。

(二)做必要的整理活动

为促进疲劳的消除,快速恢复体力,在训练的结束部分安排必要的整理活动也是非常重要的。肌群伸展练习、呼吸体操、慢跑等都是对恢复体力有很大帮助的整理活动,尤其是伸展练习,不仅可以缓解疲劳症状,促进体力恢复,还能使肌肉痉挛症状得以消除,促进肌肉血液循环的改善,并降低运动损伤的发生率。

(三)进行活动性休息

在做必要的整理活动之后,可以衔接一些活动性休息的内容。活动性休息以轻微运动为主,它和完全坐着或躺着不动的休息是对应的。进行活动性休息可以快速排除体内的乳酸,对促进机体血液循环很有帮助。一般来说,散步、慢跑、变换活动部位等都是民族传统体育运动员在训练结束部分可选择的活动性休息方式。

(四)睡眠

对任何人来说,消除疲劳、恢复体力都需要良好的睡眠。当人处于睡眠状态时,神经系统的兴奋过程降低,机体分解代谢处于最低水平,合成代谢处于较高水平,从而有助于积蓄能量,为第二天的身体活动做好能量准备。运动员在大强度的训练后尤其要保证充足的睡眠。如果训练量很大,可适当延长睡眠时间。

(五)持续静力牵张练习

持续静力牵张练习(牵拉练习)具有消除肌肉疲劳、促使肌肉放松、缓解肌肉迟发性酸痛的效果。牵拉练习的这一效果已经得到了科学研究的证明，有关研究显示，在进行肌肉牵拉练习时做肌电图测定，结果显示静力性牵拉练习开始时肌肉放电明显，表明肌肉处于疲劳性痉挛状态。当牵拉至适当程度时，则肌肉呈电静息状态，表明肌肉痉挛症状得以缓解甚至消失。可见，运动员在训练后做持续静力牵张练习有助于消除肌肉酸痛症状，缓解肌肉痉挛，促进肌肉功能的恢复。

二、民族传统体育运动训练中的运动损伤与防治

（一）民族传统体育运动训练中发生损伤的原因

1.准备活动不充分

民族传统体育运动中，很多项目技术动作复杂多变，难度较大，运动员在训练和比赛中会动用很多的身体器官和系统，这要求运动员具备良好的身体机能和身体素质，并在训练前通过热身准备活动使身体组织器官"热"起来，如果运动员忽视了训练前的热身，就容易在大强度的训练中发生运动损伤。

2.场地因素

民族传统体育运动员在训练中要做大量的专门动作，为了保护与地面直接接触的身体关节，要求训练场地不能过硬和湿滑，也不能坑坑洼洼，否则会对运动员正常完成动作造成阻碍，并可能导致运动员摔倒受伤。

3.技术不规范

在民族传统体育运动训练中要预防运动损伤，就必须保证技术动作准确、身体姿态规范，如果运动员身体姿态控制不当，动作连接不协调或落地后没有缓冲动作，那么就很容易受伤。

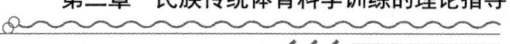

（二）民族传统体育运动训练中经常发生的损伤与处理

1.肌肉拉伤

肌肉拉伤是民族传统体育运动中发生率比较高的损伤类型，当运动员在训练中突然用力、腰部突然快速扭动时很容易发生肌肉拉伤的情况。这类损伤多见于民族传统体育运动项目的高难动作中，如舞龙运动中的"直躺快龙""K式舞龙""摇船舞龙"等，北狮运动中的"狮尾挂腰""前后滚翻"等，以及南狮运动中的"高举转体270°""腾空推进接回头跳"等。

对于轻度肌肉拉伤，视伤情降低运动强度，适度按摩、静态拉伸。对于严重的拉伤，要立即停止练习，冷敷、包扎拉伤部位，伤肢抬高，以免肿胀。1~2天后外贴消肿胀膏药，热敷或适当按摩。

2.擦伤

擦伤也是民族传统体育运动训练中发生率较高的一类损伤，不同项目运动员的擦伤部位有所区别，比如舞龙运动员背部、虎口更容易出现擦伤；北狮运动员的擦伤以膝盖擦伤和胫骨前侧擦伤较为多见，主要原因与其上高台时发生碰撞有关；南狮运动员的大小腿内侧、胫骨前面、两肋及胸腹部是比较容易擦伤的部位，主要原因与运动员站位不准确或从钢丝上掉下有关。

擦伤的处理方式如下。

（1）如果症状较轻，则先清洗擦伤部位，然后进行消毒处理，不需要包扎伤区。

（2）如果症状比较严重，伴随感染，而且伤口处有异物（沙子等），应送往医院由专业人员进行紧急处理。必要时需打破伤风抗毒素。

3.挫伤

足跟部位是比较容易发生挫伤的部位。以舞狮运动中的挫伤为例，狮头被高举或狮头、狮尾腾空推进时都会伴随很大的势能，在落地或落桩瞬间足底承受的冲击力非常强，如果缓冲不到位，则足跟很容易发生挫伤。

对挫伤的应急处理方式是，抬高患肢，及时冷敷、加压包扎，防止继续出血、肿胀。如果挫伤部位是股四头肌、小腿腓肠肌，且情况比较严重时，会出现大量出血的症状，这时要随时观察，倘若受伤部位越来越肿胀，导致血液循环不畅，而且受伤的运动员疼痛难忍，在服用止痛药物后要立即送往医院进行手术治疗。

（三）民族传统体育运动训练中运动损伤的预防

1.损伤预防原则

（1）树立安全意识原则

民族传统体育运动员参加训练，一定要提升自己的安全意识，具体就是提升预防运动损伤的意识。教练员在训练指导中也要加强预防运动损伤的教育工作，让运动员充分意识到自我保护和预防运动损伤的重要性。除此之外，还要加强运动防护技能的培养，提高运动员的自我保护能力。运动员只有掌握了科学的运动防护技能，才能在训练过程中有效预防运动损伤。

（2）合理负荷原则

在训练中要注意安排合理的运动负荷，合理的运动负荷能极大地降低运动损伤发生的概率，确保运动安全。如果运动负荷过大就容易导致运动损伤。但是，也不能为了运动员不受伤而一直采用小负荷练习方式，这不利于良好训练效果的获得。应根据运动员的实际情况和训练目的而循序渐进增加运动负荷，但要在运动员能够承受的范围内调整负荷。

（3）全面加强原则

全面加强主要是指促进身体素质的全面发展。民族传统体育运动员在训练中发生运动损伤有时主要是身体素质水平较低造成的。因此，全面提升各项身体素质是预防运动损伤的重要原则和方法。尤其是在运动员体能训练中，要将基础体能训练贯穿其中，可作为专项体能训练的热身内容。

（4）严格医务监督原则

医务监督是预防运动损伤的重要手段。必要的医务监督有助于运动员及时发现身体不适状况，实现早发现、早处理的目的。除此之外，还要注意检查运动场地与器材，防患于未然。

（5）灵活调整训练计划原则

当民族传统体育运动员在训练中出现严重疲劳时，要及时调整训练计划，以免疲劳继续加重而导致损伤发生。调整训练计划并不会破坏训练的完整性，能够防止因运动员受伤而中断训练。对训练计划进行调整，主要是调整训练内容、方法和负荷，以降低难度、减少频率、减轻负荷为主，以促进疲劳的恢复。当运动员疲劳症状消失，身心机能恢复正常时，可继续执行原来的训练计划，但要注意预防损伤。在伤后的恢复性训练中，也要制订相应的恢复训练计划，旨在促进受伤组织的恢复，而如果将原训练计划作为恢复训练计划使用，那么会导致未完全恢复的组织再次受伤。

2.损伤预防措施

采取一定的预防措施能有效降低运动损伤发生的概率，运动员在训练中可以采取以下预防损伤的措施和手段。

（1）调整好身心状态

运动员在正式进行训练前，有时会因为个人身体状态、情绪、运动水平、已有经验以及精神状态等因素的影响，身体机能和心理素质会发生生理变化和心理变化。越临近正式训练，变化就越显著。训练前的这种身体和心理上的变化统称为运动前状态。实践证明，运动前状态会影响正式运动的过程及运动训练的效果，这种影响既有积极的影响，也有消极的影响。需要注意的是，运动前不管神经系统兴奋性很高还是很低，都不利于后面的运动训练，都会制约训练效果。例如，当兴奋性很低时，常见表现是兴趣低下，情绪不高，态度冷淡，这样运动能力也会下降；兴奋性很高时，常见表现是紧张到失眠，心情急躁，影响食欲，这样必然对训练中的发挥不利。训练前不管是过度兴奋，还是兴奋度极低，都和心理因素的影响有关，为了防止不良心理影响大脑神经状态，进而影响训练中的安全及训练效果，运动员应在训练前调整好身心状态，如出现失眠、明显疲劳、感冒等不适症状，或者精神或心理受到严重刺激，要及时解决和处理身心问题。在身体和心理恢复初期，宜选择强度较小的练习内容，随着身体和心理状态的进一步调整与逐渐恢复，再逐渐增加运动强度，渐渐提高训练效果。

（2）加强力量训练

力量素质是其他各项体能素质的基础，具有非常重要的作用。运动员因为职业的特殊性，需要具有良好的力量、协调力和耐力，这对运动员在训练中预防运动损伤具有非常大的帮助。在民族传统体育运动训练中，身体力量占优的运动员发生损伤的概率相对低一些。由此可见，运动员在日常体能训练中一定要高度重视力量素质训练。

（3）注意体格检查

在有组织性的训练活动中，教练员要注重对运动员的体格检查，从而充分了解运动员的身体状况，制订出科学合理的运动方案，这样才能有效预防运动损伤。

（4）维护良好的运动环境

民族传统体育运动员参加训练需要在良好的环境下进行，这对预防运动损伤也具有重要意义。因此，在日常训练中，要关注训练场地的卫生及其他环境问题，防患于未然。

（5）重视热身准备

民族传统体育运动员在训练前做好充分的准备活动，可以有效预防运动损伤，还能延迟疲劳出现的时间，并促进训练效果的提升。热身准备活动具体由下列几个部分组成。

①一般性准备活动

活动内容包括快走、慢跑等，时间为10分钟左右，通过简单热身，使身体预热，微微出汗。

②伸展练习

身体主要肌肉群做静态性伸展练习和被动伸展练习，时间大约10分钟。

③动态伸展

做原地伸展练习和移动中伸展练习，时间大约10分钟。

（6）运动后注意拉伸与放松

训练后做一些拉伸与放松练习，主要是为了消除疲劳，促进身心机能恢复正常水平，并预防在下次运动中受伤。拉伸练习属于柔韧性练习，通过牵拉肌肉，不仅能改善肌肉的弹性和灵敏性，还能使运动感受器更加敏感，促进运动感知觉能力的提升，进而促进应激能力的改善。

第三章　民族传统体育体能训练理论与方法

体能训练是民族传统体育训练系统中的重要组成部分，民族传统体育运动员加强体能训练，能够提升身体素质和专项素质，为进一步提升技能水平和整体运动能力打好基础。民族传统体育体能训练的安排要结合民族传统体育的特性来进行，突出专向性和个性化。本章主要对民族传统体育体能训练理论与方法展开研究，内容主要包括民族传统体育体能训练的原则与科学原理、训练的内容与方法以及训练的恢复手段。通过这些研究，为民族传统体育运动员科学进行体能训练提供有效的指导。

第一节 民族传统体育体能训练的原则与科学原理

一、民族传统体育体能训练的原则

在进行民族传统体育体能训练时,需遵循一定的原则,以确保训练效果和安全性。下面具体解析民族传统体育体能训练的基本原则。

(一)个体差异性原则

运动员的个体差异决定了训练方式的多样性。每个人都有自己的特点和优势,民族传统体育也不例外。运动员的身体素质、技术特长、性格特点等方面的差异要求教练员在制订训练计划时需充分考虑个体因素。只有根据运动员个体的特点和优势制订个性化的训练计划,才能更精准地提升运动员的竞技水平,培养其独特的风格。同时,关注个体的全面发展,培养运动员优秀的心理素质、文化素养和道德品质等多方面的优秀素质也非常重要,这是促进民族传统体育运动员综合素质全面发展以及弘扬民族传统体育文化的关键。

(二)合理安排运动负荷原则

合理安排运动负荷是避免运动损伤的重要保障。运动负荷的大小直接影响到运动员体能训练中的身体反应和最终的体能训练效果。体能训练中过大的运动负荷会导致运动员过度疲劳,增加受伤的风险,而过小的负荷则无法充分激发出运动员的潜力和提升其运动水平。因此,教练员需要密切关注运动员的身体状况和反应,根据其实际情况制订合理的训练计划,避免运动员因过度疲劳或不当负荷造成运动损伤。合理安排运动负荷不仅能提高运动员的体能水平,还能确保运动员的安全健康。

（三）周期性原则

周期性原则为体能训练进程的安排提供了科学的指导。根据训练的不同阶段，整个训练过程可以分为准备期、竞赛期和恢复期。在不同的阶段，训练的重点和方法应有所不同。准备期主要关注运动员基础体能和技术的训练，帮助运动员打下坚实的基础；竞赛期则注重专项体能的训练，为运动员在比赛中取得优异成绩做好准备；恢复期则是一个调整和修复的过程，帮助运动员从高强度的比赛中恢复过来，为下一阶段的训练做好准备。通过合理安排不同阶段的训练内容和目标，可以确保整个训练进程的科学性和高效性。

（四）持续、稳定原则

持续、稳定的训练是提高运动员体能和技能水平的关键。间断性的训练无法为民族传统体育运动员带来长久的益处。运动员只有通过持续、稳定的训练，才能逐渐增强身体的耐力和柔韧性，培养坚韧不拔的精神和顽强的毅力。这种不间断的训练不仅有助于提高运动员的身体素质水平，还能培养其自律和持之以恒的品质。

（五）一般体能训练与专项体能训练相结合原则

一般体能训练与专项体能训练相结合是提升民族传统体育运动员一般体能水平和专项体能素质的科学原则。在民族传统体育体能训练中，基础的身体素质训练至关重要，这是运动员的"一般体能训练"，是提升技能的基础，也是专项体能训练的基础。然而，仅仅依赖一般体能训练是不够的，还需要根据不同运动项目的特点和要求进行针对性的专项素质训练。这种专项素质训练旨在强化运动员在特定项目中的体能水平和技能水平，使其在比赛中更具优势。只有将一般体能训练与专项体能训练紧密结合，才能全面提升民族传统体育运动员的体能和竞技水平，培养出具备高度专业性的优秀运动员。

（六）全面协调原则

全面协调发展是民族传统体育运动员人才培养追求的目标。体能训练不仅是提升运动员身体素质和技能水平的过程，更是一个促进其身心健康成长、培养积极健康生活方式的重要手段。一个优秀的民族传统体育运动员不仅要在赛场上展现出众的运动能力，还应具备优秀的心理素质、文化素养和道德品质等多方面的优秀素质。因此，在民族传统体育体能训练中，要将体能训练与心理训练、文化教育、道德培养、技术训练等结合起来，协调推进，或将这些训练融入体能训练中，从而培养出优秀的民族传统体育人才，为国家和民族的荣誉增光添彩，并使运动员在传承和弘扬中华民族传统体育文化方面进一步发挥积极的作用。

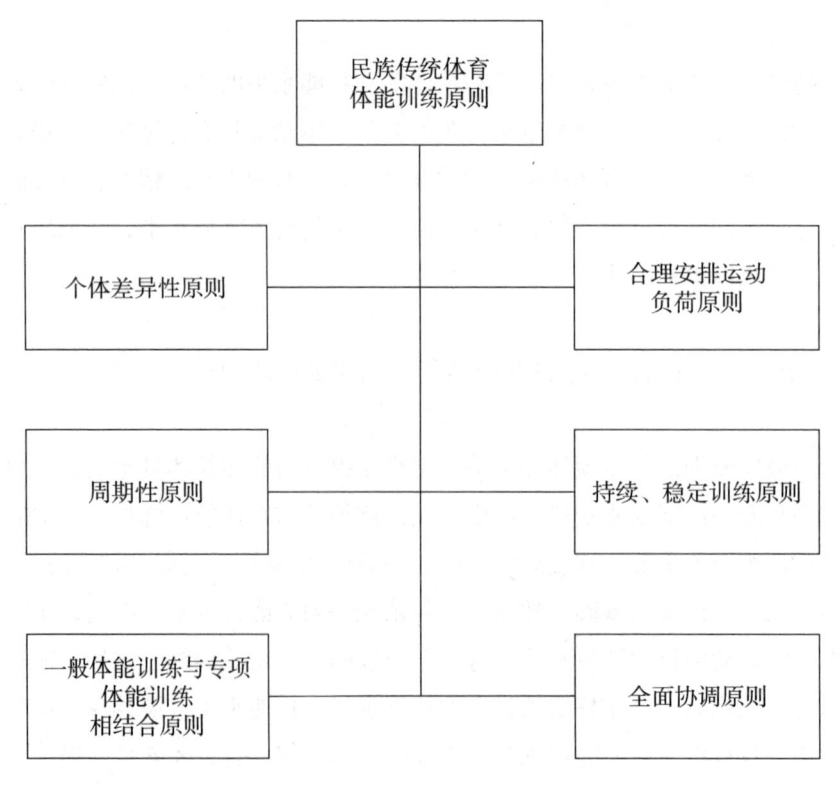

图3-1　民族传统体育体能训练原则

二、民族传统体育体能训练的科学原理

在民族传统体育体能训练中，为了确保训练的有效性，必须遵循一系列科学原理。这些原理不仅为教练和运动员提供了理论指导，还有助于提高运动员的竞技水平。

（一）神经肌肉系统原理

神经肌肉系统原理在体能训练中起着至关重要的作用。通过特定的神经肌肉训练，运动员的反应速度、爆发力和耐力可以得到显著提高。同时，应用生物电技术进行实时监控，可以更好地了解运动员的训练状态，为体能训练提供精准的数据支持。这有助于教练根据运动员的实际情况制订更具针对性的训练计划，并灵活调整训练计划，确保达到最佳训练效果。

（二）能量系统原理

根据民族传统体育项目的特点，对运动员的能量系统进行精细化训练也是非常重要的。这包括提高糖酵解能力、增强运动员在高强度运动中的快速供能能力等。通过科学的能量系统训练，运动员能够在比赛中更长时间地保持高水平的运动表现。

（三）生物力学原理

生物力学原理在民族传统体育体能训练中也具有重要指导意义。通过对技术动作进行生物力学分析，教练能够发现并纠正运动员在动作完成过程中存在的问题，从而优化技术动作，降低运动损伤发生的风险。例如，利用运动生物力学原理对传统武术中的跳跃动作进行优化，可以提高运动员动作的稳定性。

（四）周期性训练原理

周期性训练也是体能训练的重要原理之一。体能训练需要按照一定的周期进行，以确保运动员的身体状况在比赛中达到最佳状态。通过周期性调整训练强度、训练量和恢复时间，运动员的身体能够更好地适应不断变化的训练环境，提高专项运动水平，从而在比赛阶段保持最佳体能状态，取得更好的成绩。

（五）环境适应原理

环境适应原理是民族传统体育体能训练中的重要指导思想，表现为培养运动员适应不同环境的能力。由于很多民族传统体育项目的实施容易受到地理、气候等因素的影响，因此培养运动员适应不同环境的能力至关重要。通过环境适应训练，运动员能够更好地应对各种恶劣的环境条件。运动员良好环境适应能力的培养还有助于拓展民族传统体育的传承与发展空间。

（六）跨项训练原理

为了提高民族传统体育运动员的综合素质，跨项训练原理在体能训练中的重要作用不容忽视。跨项训练就是在民族传统体育体能训练中融入其他项目的训练，比如加入田径、体操等基础体育项目的练习，从而提高运动员的身体活动能力和力量、速度、耐力等各方面的运动素质能力。跨项训练打破了传统体育项目的限制，能够促进民族传统体育与现代体育之间的交流与互补。

（七）恢复与调整原理

恢复与调整是民族传统体育体能训练中不可或缺的一环。经过一定时间的体能训练后，运动员需要得到充分的休息才能顺利恢复。教练应合理安排恢复手段，如按摩、拉伸和温泉疗养等，帮助运动员迅速恢复体力，为下一阶段的体能训练做好准备。通过合理的调整和恢复，运动员能够更好地应对后面更高强度的体能训练。

（八）伤病预防与康复原理

在民族传统体育体能训练过程中，伤病预防与康复不可忽视。通过科学的训练方法、合理的运动负荷和及时的生理检测等手段，能够降低运动员受伤的风险。同时，在伤病发生后采取有效的康复措施能够帮助运动员尽快重返训练场。这对于保障民族传统体育运动员的身心健康和延长其运动寿命具有重要意义。

总之，民族传统体育体能训练要遵循科学的训练原理，从而保障训练的科学性与有效性。在未来的研究中，我们还应深入探讨其他潜在的科学原理，以期为民族传统体育体能训练提供更为全面和科学的理论支持。同时，还要加强与其他国家的交流与合作，借鉴和引进先进的训练理念和方法，不断提高我国民族传统体育运动员的综合技能水平。

第二节 民族传统体育体能训练的内容与方法

一、民族传统体育体能训练的内容

体能训练主要是由身体形态、机体机能和运动素质三类训练内容组成。其中运动素质是体能训练的核心部分。民族传统体育体能训练主要围绕运动素质训练展开，将运动素质作为主要训练内容，包括力量素质、耐力素质、速度素质、柔韧素质、灵敏素质。

（一）力量素质训练

力量素质是最基础的一项运动素质，力量素质的提升不仅能够改善身体形态结构，促进能量代谢，提高神经系统功能水平，而且能够积极影响和促进其他运动素质的发展，进而提升技战术水平。因而在民族传统体育体能训练中要以力量素质训练为基础，先打好体能基础，然后进行其他运动素质的训练，在力量训练中要注意结合专项特征进行专门力量练习，并适当与其他运动素质结合起来训练。

发展肌肉力量的手段主要是力量练习法，力量训练形式丰富，手段多样，既能单一练习，也能组合练习、成套练习，形成了较为完善的力量训练体系。力量训练包括快速力量训练、最大肌力训练、力量耐力训练、爆发力训练等内容，从运动生物学理论出发，在全面增强肌力的力量素质训练中要贯彻以下几项基本原则。

1.系统性原则

力量训练应该在全年训练中进行系统性安排，从而持久有效地增加肌力。如果中途放弃，就会导致肌肉力量减退，之前的训练效果消失。

2.递增负荷原则

从运动生物学的角度来看，运动训练的过程根本上就是在重复不断的训练中机体从不适应到适应的循环往复的过程，机体一旦适应了某一力量负荷，就要采取新的力量负荷进行训练，也就是在原有负荷的基础上的增加，通过增加练习次数、器械重量、练习时间来加大负荷刺激，进一步提升机体的适应力。

3.针对性原则

肌力训练包括身体不同部位的训练，在某个肌肉部位的训练中，要在该肌肉部位施加适当的负荷，并使肌肉收缩方向与负荷阻力方向相反，这样才能达到针对性训练与提升的效果。

4.专门性原则

在设计力量练习动作和操作方法时,要参考专项特征,尤其是专项技术动作的结构特征,进行专门性训练,从而使身体产生积极的运动性应激反应。如果力量练习方法不符合专项动作结构特征,那么即使经过训练增强了力量,也难以转换为专项力量,无法从根本上解决一些力量性技术问题。

5.肌力平衡原则

肌肉有主动肌和对抗肌之分,这两者肌力之间的平衡状态就是所谓的肌力平衡。从更广泛的角度而言,人体上下肌群力量的相对平衡和左右肌群力量的相对平衡也可以称得上是肌力平衡。平衡和相等不是一个概念,平衡是对应关系肌力,有助于进一步熟练掌握技术,并能有效预防运动损伤。因此在力量训练中要贯彻肌力平衡这一重要原则。

(二)速度素质训练

速度素质是非常重要的体能素质之一,它有三种表现形式,分别是反应速度、动作速度和位移速度,这也是速度素质训练的三大内容。在速度训练中,要科学合理地实施练习方法,安排练习负荷,调整练习处方,从而提升训练效果。速度训练要遵循以下要求与原则。

1.符合人体生长规律的原则

不同体能素质发展的敏感期有差异,各项运动素质发展的敏感期出现在人体生长发育的不同阶段。在速度训练中,要按照人体生长发育规律,抓住速度素质发展的敏感期,在敏感期阶段加强速度训练,再加上先天基因的配合,能够快速提升速度水平。

2.符合快肌纤维发展规律的原则

在运动生理学视角下,速度素质水平在很大程度上受到快肌纤维的影响。在速度训练中,要依据快肌纤维的发展规律来设计和选用训练方法,有效发展快肌纤维和速度素质。以快肌纤维的发展规律为依据进行针对性的速度训练,能够给人体快肌纤维带来以下积极影响。

第一,增加快肌纤维的横断面。

第二,增强快肌纤维的无氧代谢能力。

第三,改变快肌纤维类型。

当快肌纤维得到以上几方面的发展与完善后,速度素质能够得到有效的提升。

3.与专项特点相结合的原则

速度训练必须与民族传统体育专项特点有机结合起来,如果速度训练不符合专项特点,那么获得的速度不会转移为专项竞技能力的一部分。因为简单的快速动作练习和人体植物性神经系统活动之间的联系不是必然存在的,速度水平的提升是以快速动作为前提的,在快速动作练习的基础上,要通过结合专项特点的训练将获得的速度能力与专项运动特有的神经系统活动的表现形式有机结合起来,按照项目特点进行专项速度练习,强化训练过程中感受器官与运动器官的一致性,提升专项速度训练效果。

(三)耐力素质训练

耐力是长时间持续运动的能力,包括坚持一定负荷活动的能力、抗疲劳能力以及出现疲劳后机体快速恢复的能力。在耐力训练中,有氧耐力和无氧耐力的训练都很重要,具体根据项目特征进行某一方面的训练或结合训练。比如,有氧耐力训练又包括供氧能力的训练和氧利用能力的训练两大内容,有氧耐力的这两项内容既相对独立,又密切联系,既有共性,又有个性,在各自的训练中要坚持相应的原则和要求。

人体心血管机能水平和肺功能决定了供氧能力的强弱。在供氧能力训练中,关于运动强度的安排应以"有氧阈"(机体在负荷递增的练习中有氧代谢的最高水平)强度为宜,理论研究和实践均证明这是最佳强度。为达到这一强度要求,在供氧能力训练中,心肺的供氧机能应得到充分的刺激,而且当机体内环境发生紊乱时依然不能停止运动。

在氧利用能力训练中，以"无氧阈"强度为主。以"无氧阈"强度为主的训练有一定的难度，因此常常在专项体能训练中来安排，以促进氧利用能力的提升。

（四）柔韧素质训练

人体各关节肌肉和韧带本身具有一定的弹性，这些组织在人体活动时依赖本身的弹性向不同方向做不同程度的伸展，这里所说的弹性、伸展程度都是柔韧素质的表现。柔韧性的强弱对身体协调能力的好坏有直接影响，对人体活动中各项技术动作的完成质量也有重要影响。柔韧素质好的运动员，身体协调能力强，能够动员身体各部位肌肉协调完成技术动作，动作速度较快，质量较好。同时，柔韧性能好的运动员，因为关节可以大幅度活动，肌肉和韧带可以很好地伸展，因而完成动作时不仅技术质量高，而且发生损伤的概率小，能有效预防损伤。

在体能训练中，要将柔韧练习放在热身活动之后，从而使身体各部位韧带充分伸展，同时起到预防韧带损伤的作用。力量素质和柔韧素质结合起来训练也是比较常见的一种训练方式，在肌肉力量训练之后，肌肉疲劳，弹性和柔性减弱，变得僵硬无比，此时可以进行简单的柔韧性练习，拉长肌肉韧带，改善肌肉疲劳状态，有效恢复肌肉弹性和功能。

牵拉练习是柔韧性训练的主要方式，通过牵拉肌肉，不仅能改善肌肉的弹性和灵敏性，还能使运动感受器更加敏感，促进运动感知觉能力的提升，进而促进应激能力的改善。在柔韧训练中要坚持以下基本原则。

1.科学拉伸原则

柔韧素质的训练以拉伸练习为主，拉伸练习的关键在于对拉伸时间的合理控制。每个练习的拉伸时间最长持续60秒。对增加肌肉弹性和柔性有益的拉伸时间是10~15秒，从肌腹到肌腱的拉伸练习需要30秒左右，但是要拉伸重点部位的韧带、肌腱以及筋膜时，时间要稍长一些，但不宜超过90秒。如果拉伸时间过长，肌肉会产生紧绷感，也就是生理学所说的"牵张反射"，这是人体下意识保护肌肉的一种生理现象。

肌肉拉伸练习中要防止拉伸时间过久，如果拉伸过度，则可能造成肌肉损伤，影响肌肉的弹性与灵活性。

2.循序渐进原则

柔韧素质的改善与提升不是一朝一夕就能实现的，必须坚持系统性、阶段性训练，持之以恒，循序渐进，才能逐步改善机体柔韧性。在柔韧素质训练中，练习内容、练习难度都应该逐步增加，不能急于求成。

柔韧素质训练具有练习强度较低的特征，柔韧训练和力量、速度、耐力等身体素质训练相比，练习强度确实比较低，一般以最大拉伸幅度30%~40%为宜，这种低强度的拉伸练习被称为微拉伸。

微拉伸以牵拉组织细胞为主，能够使肌组织与结缔组织变得更加柔软。当在训练中发生轻微损伤时，可以采用微拉伸的运动康复手段来恢复受损组织，促进组织再生，尽可能将结缔组织损伤对肌原纤维的不利影响降到最低。

3.练习频率适宜原则

若要采取牵拉练习来增强柔韧性，那么至少要保证每天两次拉伸练习的频率，每次拉伸练习中，要保证每个肌群的牵拉次数不少于3次。只有保证练习频率，积累练习量，才能使中枢神经系统与肌肉的联系更加紧密，使二者更加和谐。

（五）灵敏素质训练

灵敏素质是综合性运动素质，综合反映了人体各种身体素质和运动能力。灵敏素质的好坏受诸多因素的影响，如人体机能水平、基本运动素质水平、技能储备量以及心理素质等。运动技术的形成以良好的协调能力为基础。灵敏性好的运动员能够对动作的空间、时间、节奏等要素及其内在联系有准确的把握，身体各部位能够根据运动需要而精确协调配合，从而快速掌握运动技能，并不断强化提高。因此，在民族传统体育体能训练中要重视对灵敏能力的训练，尤其要将其中的协调素质作为主要内容之一进行常态化、系统性训练，并在训练中坚持以下几项原则。

1.以身体素质协调发展为基础的原则

作为一项综合素质，灵敏素质的培养要建立在力量强、速度快、柔韧性好的基础之上，要以这些运动素质的协调发展为基础。在灵敏性训练中，要综合发展各项体能素质，从运动员身体素质的特征、优势、缺陷、个体差异等实际情况出发进行具有针对性的训练，以形成体能优势，弥补发展落后的身体素质，促进体能素质的协调发展。

2.克服不合理肌肉紧张的原则

完成技术动作需要大脑皮层支配肌肉合理交替运动和相互协调运动，在肌肉运动过程中，有紧张的肌肉，也有放松的肌肉，不同状态的肌肉是交替工作的，紧张的肌肉经过紧张的工作后要适当放松，放松的肌肉得到放松后又要重新开始紧张，如此才能使动作更加精确、协调。

在灵敏素质训练和协调能力培养中，运动员要努力克服自身不合理的肌肉紧张。肌肉过于紧张常常是由下列几方面的原因造成的。

第一，机体在非运动状态下，肌肉也处于紧张状态。

第二，肌肉紧张收缩之后，放松不及时，肌肉从紧张过渡到收缩的时间较长。

第三，肌肉因长时间工作或受到大负荷的刺激而造成过度疲劳。

第四，神经和心理高度紧张，精神状态不够放松等。

为克服不合理的肌肉紧张，需加强肌肉放松能力的培养，方法可参考提升意识法、自我暗示练习法、位移性练习法、专门放松练习法等。

3.方法多样性原则

在灵敏素质训练中，要从运动员的基础运动素质现状、专项需求等方面出发设计与选用科学合理的、丰富多彩的训练方法。训练方式丰富多样，也可以将各种单一的练习方式灵活组合起来，保证练习的数量、强度和质量。

在训练方法的设计与选择中，注重竞赛训练法、游戏训练法等趣味训练法和实战训练法的实施，从而活跃训练气氛，有效提升运动员训练的积极性。

4.结合专项需要的原则

在武术、毽球等民族传统体育项目中，良好的协调能力是完成技术动作的前提条件，这里所说的协调能力本身具有多项与项目专项技战术性质密切相关的特征，如正确性、快速性、应变性、和谐性等。在体能训练中要根据专项特征与要求培养灵敏性与协调力，将能够突出专项特征的协调能力作为重点培养内容，从而通过提升专项协调能力来促进运动技能水平的进一步提高。

二、民族传统体育体能训练的方法

（一）运动素质训练方法

不同民族传统体育项目的体能训练方法是有差异的，在民族传统体育体能训练中要结合专项特征设计专门的训练方法。下面主要以武术为例分析其运动素质训练方法。

1.武术力量素质训练

（1）抗阻力练习

抗阻力练习是指为了增强运动员克服自身重量和器械重量的能力而进行的练习。抗阻力练习中最常用的练习手段是负重练习，可以利用哑铃、杠铃、沙袋等工具帮助增加负重量，在不改变动作内容、动作幅度、动作速度等方面要求的基础上，通过负重训练逐渐提升抗阻力的能力。此外，在太极等武术中，还可以利用双人顶、推、拉等动作，发展抗阻力能力。拉力器、橡皮带等工具产生的弹性阻力对于发展力量素质也非常有帮助。

（2）腾空跳练习

腾空跳练习主要用于发展爆发力，因为武术运动中包含数量众多的爆发式踏跳动作。常见的腾空跳练习方式包括击步摸高、击步冲顶吊球、击步连续直体跳、拉腿跳、收腿跳及各种转体跳、腾空飞脚、双飞脚、旋风脚和外摆莲等。多次重复并将这些方式合理组合在一起进行练习，对于发展武术运动员的爆发力具有重要作用。

2.武术耐力素质训练

（1）有氧耐力训练

①持续训练法：持续训练法是指负荷强度比较低，负荷时间比较长，无间断地持续进行练习的训练方法。一般采用整套或超套训练，并以脉搏频率作为指标控制练习强度，适宜状态的心率应该保持在145～170次/分钟。表3-1为持续训练法的基本类型及其特点。

表3-1　持续训练法的基本类型及其特点[①]

基本类型	短时间持续训练	中时间持续训练	长时间持续训练
负荷时间	5～10分钟	10～30分钟	>30分钟
心率强度	170次/分钟	160次/分钟	150次/分钟
动作结构	基本稳定	基本稳定	基本稳定
有氧强度	最大	最大	次大
供能形式	无氧、有氧代谢系统混合供能	有氧代谢供能为主	有氧代谢供能

②间歇训练法：间歇训练法也是一种常被用来发展有氧耐力素质的训练方法，它通过严格控制间歇时间来达到发展耐力素质的效果。间歇训练法的训练负荷一般为个人最大负荷量的75%，一般采用1/2段、3/4段或者整套练习，训练时的适宜心率应该在170次/分钟以下，间歇的时间在2分钟以内，当运动员的心率恢复到120次/分钟时即可进行下一次的训练。间歇时间还和运动员的训练水平相关，当运动员的训练水平不断提升时，应该逐渐缩短间歇时间，并且增加单次训练的时间，减少训练重复的次数。

---

① 龙春生.体能训练法[M].沈阳：辽宁大学出版社，2009：64.

（2）无氧耐力训练

①间歇训练法：在无氧耐力训练中使用间歇训练法，训练负荷应该在个人最大负荷量的75%，心率为170～180次/分钟，在一次训练过程中，间歇的时间逐渐缩短，重复训练的次数也逐渐减少，这样做有助于体内乳酸的堆积。比如，第一和第二次训练之间的间歇时间为5～6分钟，第三和第四次训练之间的间歇时间为4～5分钟，第五和第六次训练之间的间歇时间为3～4分钟。在使用间歇训练法时，要注意从运动员的实际状况出发，根据运动员的实际训练水平和训练目的安排合理的训练强度和训练密度。

②阻氧训练法：阻氧训练法是指在训练时减少运动员的摄氧量，从而发展运动员的无氧耐力素质的训练方法，比如要求运动员在训练时只能用鼻子呼吸或者让运动员在训练的过程中戴上口罩等。

3.武术柔韧素质训练

（1）主动柔韧性练习

主动柔韧性练习是指运动员主动用力完成相应部位软组织拉长的练习。

动力性练习和静力性练习是主动柔韧性练习的两种形式。其中，动力性练习包含在原地或者行进过程中进行的各种踢腿、摆腿练习以及各种翻腰、涮腰练习等。而静力性练习主要包括各种较长时间的压腿、压肩或者下腰等动作的练习。在实际训练中，运动员一般会采取动静结合的训练方式，顺序为先压腿，然后再踢腿、摆腿等。

（2）被动柔韧性练习

被动柔韧性练习是指借助外界的力量，将运动员某些部位的软组织被动拉长，进而不断扩大其最大活动范围的练习。

被动柔韧性练习和主动柔韧性练习一样，也包括动力性练习和静力性练习两种形式。前者主要是指在器械或者人为的帮助之下进行的各种扳腿、甩腰、压叉等动作的练习；后者是指在器械或者人为的帮助之下进行的压腿、下腰或者压肩等姿势的练习。

（3）混合柔韧性练习

混合柔韧性练习是指交替进行主动柔韧性练习和被动柔韧性练习的一种练习方式。混合柔韧性练习一般被用在基础训练阶段，常见的状况是运动员完成压腿等练习之后，为了取得更加理想的训练效果，教练还会帮助运动员做各种扳腿、甩腰等练习。

4.武术协调素质训练

（1）培养肌肉合理用力能力

肌肉合理用力能力是指武术运动员能够根据技术动作的具体要求，适时、合理地掌控肌肉的收缩和放松，使肌肉灵活交替、协调配合。

培养武术运动员的协调素质，最重要的是在运动员学习动作之初，就帮助其建立正确的动作表象，掌握正确的肌肉用力顺序和用力方式，这就要求教练员在教新动作时，必须做好动作讲解和动作示范。在讲解中，教练员要保证讲解语言的准确性，讲解应该重点围绕技术动作的动作路线、起止点、发力的肌肉等方面进行。在动作示范中，教练员首先要做到的是保证示范动作的准确性，帮助运动员形成正确的动作表象。此外，还可以要求运动员进行一些慢动作或者速度较慢、强度较小的技术重复练习，以帮助他们体会相应肌肉的用力感觉，掌握合理的肌肉用力方法；随着运动员熟练度的提升，练习的速度和强度可以逐渐加大，帮助其提高肌肉用力的精确分化的程度。

（2）发展掌握更多技术动作的能力

协调能力会受到运动员所掌握的基础技术条件反射数量多少的影响，也就是说，运动员掌握的技术动作越多，其反射条件数量就越多，相应地，其协调能力也会相应提升。因此，想要发展武术运动员的协调素质，可以通过训练运动员掌握更多的技术动作来帮助实现。

在训练中，对于年龄较小的运动员，由于其具有更强的可塑性和更大的发展空间，所以可以不断向其传授更多新的动作技能；对于年龄较大的运动员，因为其掌握的技术动作已经比较完备，所以可以要求其多多学习不同风格和流派的动作，以丰富自己的技术结构等。

（3）增加练习难度，增加技术复杂程度

发展武术运动员的协调素质，还可以通过改变训练的要求和条件，增加练习的难度和技术的复杂程度实现。比如，在练习的过程中改变练习的速度、练习的节奏，改变原有动作及动作组合的习惯节奏、重新对速度提出要求并改变动作频率；改变练习的条件，比如改变练习的场地、练习的器械，增加器械练习的内容等；增加技术动作的复杂程度，如在行步练习中要求运动员听到指定信号后突然转变运动方向等。

在练习过程中增加练习的难度，增加技术复杂程度，对于发展武术运动员的专项协调素质具有重要作用。

（二）环境效应训练方法

人生活在自然社会中，不能脱离自然和社会。人在自然社会中，各个方面的发展都会受到自然和社会环境的影响。人体体能作为人体本身的一个大系统，其功能必定受到外部环境的影响，随着环境的改变，系统的功能也会随之发生改变。因此要全面系统地了解体能，不能忽略环境因素对体能的影响。在日常体能训练当中，应该找到适应环境的能够有效增强体能的训练方法。根据不同环境选择有效的训练方法，有效促进运动员体能素质的提高。

第三节 民族传统体育体能训练的恢复手段

体能训练是民族传统体育训练的重要组成部分，对于提高运动员的竞技水平和身体素质至关重要。而恢复手段作为体能训练的重要环节，对于确保运动员的身心健康和良好运动表现具有不可替代的作用。本节将深入探讨民族传统体育体能训练的恢复手段，旨在为民族传统体育运动员的安全训练提供有益的参考。

一、民族传统体育体能训练的常用恢复手段

（一）自然恢复法

自然恢复法是一种依托自然环境，通过合理休息和调整来恢复体能的方法。民族传统体育运动员在体能训练后可以借助大自然的美景和宁静氛围进行适度的放松和休息。这种方法的优点在于简单易行，无副作用，适用于轻度疲劳的恢复。然而，对于高强度、长时间的体能训练，自然恢复法的恢复效果可能有限。

（二）物理恢复法

物理恢复法包括按摩、拉伸、热敷等手段，采用这些方法能够通过改善局部血液循环、缓解肌肉紧张和疼痛，促进身体机能的恢复。这些方法在民族传统体育中广为应用，对于缓解肌肉疲劳、预防运动损伤具有显著效果。然而，物理恢复法的操作需要一定的技巧和经验，如果操作不当可能会适得其反。

（三）中医药恢复法

中医药恢复法是我国传统医学的瑰宝，主要包括中药调理、针灸、拔罐等方法。这些方法通过调节身体机能、平衡阴阳气血，达到恢复体能、预防疾病的目的。在民族传统体育中，中医药恢复法具有广泛的应用价值，其疗效深受广大运动员的认可。然而，中医药恢复法的操作需要专业医师的指导，且个体差异较大，需要根据个人情况进行个性化治疗。

（四）营养恢复法

营养恢复法是通过合理膳食搭配，为身体提供充足的营养物质和能量，促进体能的快速恢复。在民族传统体育体能训练中，运动员身体消耗大量能

量和营养素，因此训练后科学的饮食搭配尤为重要。合理安排蛋白质、碳水化合物、脂肪等营养素的摄入量，以及补充必要的维生素和矿物质，有助于加速身体机能的恢复。营养恢复法的优点在于针对性强、效果显著，但需根据个体差异制订个性化的饮食计划。

（五）睡眠恢复法

睡眠是人体生理功能恢复的重要途径。充足的睡眠可以促进身体机能的修复，提高运动员的抗疲劳能力。在民族传统体育体能训练中，教练员和运动员应重视睡眠质量，合理安排作息时间，创造良好的睡眠环境。睡眠恢复法的优点在于经济实用、无副作用，但对于个别运动员可能存在入睡困难等问题。

（六）心理恢复法

心理恢复法是通过心理调适、心理辅导等方式，帮助运动员克服训练和比赛中的心理压力，提高心理素质。在民族传统体育体能训练中，心理恢复法对于消除运动员的身体与心理疲劳具有重要意义。通过心理咨询、暗示疗法、放松训练等手段，帮助运动员树立正确的运动观念、增强自信心、缓解紧张情绪。心理恢复法能够从根源上解决问题，提高运动员的心理承受能力和适应能力。

民族传统体育体能训练的常用恢复手段如图3-2所示。

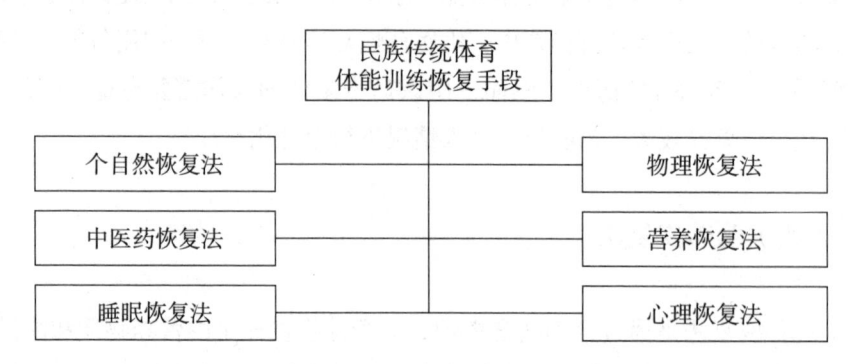

图3-2 民族传统体育体能训练的常用恢复手段

二、民族传统体育体能训练恢复手段的发展趋势

（一）个性化恢复

随着科学技术的进步和运动生理学的发展，未来的恢复手段将更加注重个体差异，为每位运动员制定个性化的恢复策略。这需要对运动员的身体状况、训练强度和比赛需求进行全面评估，以实现最佳的恢复效果。

（二）科技助力恢复

运用现代科技手段，如生物反馈、电磁疗、低温疗法等，为运动员提供更加高效、安全的恢复方法。这些科技手段有助于加速身体机能的修复，降低运动损伤发生的风险。

（三）绿色恢复

注重环保和可持续发展，推广绿色恢复手段，如户外康复、自然疗法等，减少化学药物的使用和对环境的污染。

民族传统体育恢复手段需要在保持传统特色的基础上，不断创新和进步，以适应更高水平的竞技需求。同时，也需要关注恢复手段的科学性与安全性，避免因不当操作导致的副作用。

总之，民族传统体育体能训练的恢复手段丰富多样，既有传统恢复手段，也有现代恢复手段。在今后的发展中，应结合现代科技手段，为运动员提供更加全面、个性化的恢复方案。同时，关注恢复手段的环保和可持续发展也同样重要。

第四章 代表性民族传统体育的实践研究

民族传统体育种类丰富，项目多样，不同项目的技能动作、训练方法各有特色，自成体系，只有结合专项特征与要求进行训练，才能有效提升运动水平，达到训练目标。本章主要选取具有代表性的民族传统体育项目对其技能训练方法展开实践研究，包括武术套路训练、武术散打训练、中国式摔跤训练、舞龙舞狮训练、部分少数民族传统体育训练。

第一节　武术套路训练

一、武术套路的基本功训练

（一）武术套路基本功训练内容

1.肩功

（1）压肩

面对肋木或一定高度的物体开步站立，与肩同宽或略比肩宽，两手抓握肋木，上体前俯下振压肩；也可以两人面对面站立，互相扶按肩部，做体前屈振动压肩动作；也可由他人协助做扳压肩部的练习。

可以先讲解动作方法，然后示范，也可以边讲解、边示范，也可根据情况先示范后讲解，下同。

（2）转肩

两脚开步站立，两手于体前握棍，与肩同宽，然后上举绕至体后，再从体后向上绕至体前，往复一周。

（3）臂绕环

①单臂绕环

左弓步姿势，左手按于左大腿上（也可两脚开立，左手叉腰），右臂上举，由上向后、向下、向前绕环一周为后绕环。右臂由上向前、向下、向后绕环一周为前绕环。

②双臂前后绕环

两脚开立，与肩同宽，两臂垂于体侧，依次由下向前—上—后或由下向后—上—前绕环。

2.腿功

（1）压腿（以正压腿为例）

面对肋木，并步站立。左腿抬起，脚跟放于肋木上，脚尖勾紧，两手扶按膝上。两腿伸直，立腰、收髋，上体前屈，向前下做压振动作，压振时，以前额、鼻尖触脚尖，数次后过渡到以下颌触脚尖。

（2）扳腿（以正扳腿为例）

右腿直立，左腿屈膝上提，右手握住左脚外侧，左手抱膝，然后右手握住左脚上扳，同时左腿挺膝向前上方举起，左手压住左腿膝关节。也可由同伴托住脚跟上扳。

（3）劈腿

①竖叉

两手体侧左右扶地或两臂侧平举，两腿前后分开成直线，以左腿后侧着地，脚尖勾起；同时右腿内侧或前侧着地，绷脚尖。

②横叉

两臂侧平举或在体前扶地，两腿左右分开成直线，脚内侧着地或脚尖上翘。

（4）踢腿（以正踢腿为例）

右手扶肋木或一定高度的物体，左手叉腰，并步侧向站立。右腿支撑，左脚勾起，挺膝上踢，然后下落还原。

3.腰功

（1）俯腰（以前俯腰为例）

两脚并步站立，两手交叉，直臂上举，手心朝上，上体前俯，膝关节挺立，两掌心尽量贴地；也可以两手松开，分别抱住两脚跟腱处，胸部尽量贴近腿部，持续一定时间后再站立。

（2）甩腰

开步站立，两臂上举，以腰、髋关节为轴，上体做前后屈动作，两臂也随着摆动。

（3）涮腰

开步站立。上体前俯，两臂下垂随之向左前方伸出，以髋关节为轴向前—右—后—左绕环一周或向前—左—后—右绕环一周。

（4）下腰

两脚开立，与肩同宽，两臂伸直上举。腰向后弯，抬头、挺腰向上顶，两手撑地成桥形。也可两手扶墙做下腰练习。

4.桩功

（1）马步桩

两脚平行开立，约为脚长的三倍，脚尖朝前，屈膝半蹲，大腿接近水平，全脚着地，身体重心落于两腿之间。两臂微屈平举于胸前，掌心向下，目视前方。也可两手抱拳于腰间。

（2）虚步桩

两脚前后开立，右脚外展45°，屈膝半蹲，左（右）脚脚跟提起，脚面绷直，脚尖稍内扣，虚点地面，膝微屈，重心落于右（左）腿上。两手在腰间抱拳，目视前方。

（二）武术套路基本功训练要点

1.肩功训练要点

（1）压肩：挺胸、塌腰，手臂和腿伸直，振幅要大，压点集中于肩部；逐渐增加外力。

（2）转肩：转肩过程中两臂始终伸直；两手握棍的距离应尽量窄，可结合自身情况进行调节。

（3）臂绕环：

①单臂绕环：臂伸直、肩放松、贴身划立圆；动作速度尽量加快。

②双臂前后绕环：松肩、探臂，体侧划立圆；动作速度尽量加快。

2.腿功训练要点

（1）压腿（以正压腿为例）：直体向下振压；逐渐增大压腿振幅。

（2）扳腿（以正扳腿为例）：挺胸、立腰、收髋；上扳高度逐渐增加。

（3）劈腿：

①竖叉：挺胸、立腰、沉髋、挺膝。

②横叉：挺胸、立腰、展髋、挺膝。

（4）踢腿（以正踢腿为例）：挺胸、立腰、收腹、沉髋；踢腿过腰后要加速。

3.腰功训练要点

（1）俯腰（以前俯腰为例）：挺胸、塌腰、两腿伸直、挺膝、收髋、前折体。

（2）甩腰：快速、紧凑、动作有弹性。

（3）涮腰：两脚固定，两臂放松；上体环绕幅度尽量大。

（4）下腰：挺胸、挺髋、顶腰，两脚固定，腰后屈。

4.桩功训练要点

（1）马步桩：挺胸、直背、塌腰，深呼吸。

（2）虚步桩：挺胸、直背、塌腰，虚实分明。

（三）武术套路基本功训练的注意事项

1.肩功训练注意事项

（1）压肩

逐渐加大振幅，由小到大增加助力。

（2）转肩

第一，刚开始练习时，两手握距稍宽，向前后方向直臂绕，逐渐熟练后，将握距缩短。

第二，在教练员或同伴的保护与帮助下完成动作。

（3）臂绕环

先压肩，逐渐加快绕环速度。

2.腿功训练注意事项

（1）压腿（以正压腿为例）

第一，集体教学时，按统一口令练习。

第二，压腿前先做热身，调动肌肉与关节的机能。

第三，与其他腿法交替进行练习。

（2）扳腿（以正扳腿为例）

注意事项参考正压腿。

（3）劈腿

①竖叉

先练习压腿、摆腿，以免出现韧带拉伤的损伤问题。

②横叉

注意事项同竖叉。

（4）踢腿（以正踢腿为例）

第一，先做压腿练习，再做踢腿练习。

第二，踢腿高度由低到高、速度由慢到快变化。

第三，左右交替行进间练习。

3.腰功训练注意事项

（1）俯腰（以前俯腰为例）

逐渐增加幅度和练习时间。

（2）甩腰

用口令指挥练习。

（3）涮腰

第一，先进行上体向不同方向侧屈的练习，再进行涮腰练习。

第二，逐渐加速，不断增加次数，左右两侧交替练习。

（4）下腰

第一，先进行腰绕环及上体向不同方向屈的练习，再做下桥练习。

第二，教练员和同伴可以托腰保护练习者，下腰后，慢慢后推练习者膝部，增加效果。

4.桩功训练注意事项

（1）马步桩

初步练习时，静静站立一两分钟，然后逐渐增加站立时间。

（2）虚步桩

左右交替练习，逐渐延长静站时间。

二、武术套路的技术训练

这里主要以武术初级枪术套路技术训练为例进行分析。枪属于长器械，枪术运动中的枪法主要有拿、拦、扎、点、崩、穿、挑等，这些枪法与各种步型、步法、跳跃相配合就构成了枪术套路。力贯枪尖、走势开展、上下翻飞、变幻莫测等是枪术套路运动的主要特点。

（一）预备式

1.练习方法

（1）并步站姿，右手握枪杆立于体侧。向左平视。

（2）右手握枪上举，左手在右手上将枪杆握住。

（3）左脚向前跨出半步呈左虚步。同时右手移握于枪把部位，左臂伸向左后下方，左手移握于枪杆上部，向左平视。

（4）左脚向左一步跨出，屈膝呈半马步，右手握枪置于腰侧，左手向身体左侧摆动枪杆，双目注视枪尖。

（5）右腿蹬直，上体左转呈左弓步姿势，两手握枪向前平扎。

2.练习要点

（1）右手松握枪杆中段，枪身须直立，胸、腰和颈部要自然挺直。

（2）向左后抡枪时，上体要及时向右扭转，抡枪、转腰和上步动作要协调一致。

（3）扎枪时要求平直有力，右手要猛力向前推送。同时右脚蹬地，转腰，使力量达于枪尖，左手保持原高度不变。

（二）第一段

1.插步拦、拿中平扎枪（1）

（1）练习方法

①恢复半马步，将枪把撤回右腰侧，左手握在枪杆中段。

②右脚左插步，右手将枪把握住，右前臂上翻，左臂外旋，使枪尖向后向下划半立圆（"拦枪"）。

③左脚向左横跨呈半马步姿势，右手从上向前下方划半立圆，最后停在右腰侧，左臂内旋使枪尖从下向前上方划圆（"拿枪"）。

④蹬直右腿，上体左转呈左弓步姿势，双手握枪向前平扎。

（2）练习要点

撤枪时，右手要向后平拉，不要摆动。拦枪时右手划圆不要太大，离身不得过远，动作要快。插步和拦枪须协调一致，拦、拿枪动作要尽量配合上腰劲，使其浑圆有力。

2.跳步拦、拿中平扎枪

（1）练习方法

①恢复马步。右手握枪把收到右腰侧，左手握在枪杆中段。

②右脚迈向身体左侧，两手握枪拦枪。

③左脚蹬地起跳，落在身体左侧，落地呈半马步姿势。两手握枪拿枪。

④蹬直右腿呈左弓步。两手握枪扎枪。

（2）练习要点

跳步与拦枪，跨步与拿枪动作必须协调配合。

3.绕上步拦、拿中平扎枪

（1）练习方法

①恢复半马步，两手握枪撤回。

②右脚向左脚前跨出一步，双手握枪拦枪。

③左脚向前上方跨出一步，双手握枪拿枪。

④右脚向左脚前方上步，上体向左转。两手握枪向前平扎。

（2）练习要点

右脚上步要迅速，拦、扎动作协调配合。

4.插步拦、拿中平扎枪（2）

（1）练习方法

①稍向右转体，双手握枪撤回。

②左脚向前上方跨出一步，右脚插向左腿后，向右转体，两手拦枪。

③左脚向左横跨呈半马步姿势。两手拿枪。

④蹬直右腿成左弓步。两手握枪向前扎。

（2）练习要点

左脚上步和右脚插步要迅速、轻灵。左脚上步和右脚插步要与拦枪动作协调配合。

（三）第二段

1.转身弓步中平枪

（1）练习方法

①右腿蹬直，左腿屈膝上提，上体向左后方转动180°。右手将枪把握住提到右上方，左手握在枪杆中部稍靠上的位置，伸直两臂。

②还原左弓步。右手将枪把握住从上向下翻转，左手握枪杆向上摆起，利用转腰的力向前平扎。

（2）练习要点

提膝转身动作要求平稳。枪杆力求贴近身体。

2.上步弓步推枪

（1）练习方法

①右转体呈半马步姿势，两手握枪撤回。

②右脚向左前方跨出一步，两手握枪向上、向后、向下、再向前划立圆。

③右脚向左前方跨出一步呈右弓步姿势。两手将枪杆推向前下方，右手握枪把，左臂伸向左前方，枪尖保持斜向上。

（2）练习要点

上步弓步推枪连续动作要求上步和绕枪协调一致。做上步弓步推枪动作时，左手应虚握枪杆，这样有利于枪绕圈时活动自如。

3.仆步低平枪

（1）练习方法

①左仆步姿势。

②双手握枪稍微向后撤，沿左腿内侧水平直刺。

（2）练习要点

右腿尽量下蹲，左腿伸直平铺。上体略向左前侧俯身。

4.提膝抱枪

（1）练习方法

①直膝左转体，右脚向前一步跨出，左手抓在枪杆下段，右手抓在枪杆中段。

②左脚向前跨一步，向后摆动枪尖。

③左腿伸直，屈右膝上提；将枪尖由后向下、向前挑起，稍屈肘，左手置于左胯旁。

（2）练习要点

上步的速度要均匀，枪尖划圆要靠近身体。抱枪时，右手应松握枪，左手须紧握。

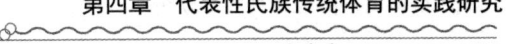

5.提膝架枪

（1）练习方法

右脚落地，屈左膝上提，右腿蹬直。右手握在枪把，右臂后举，枪尖指向前下方，与膝在同一高度。双目注视枪尖。

（2）练习要点

提膝架枪要求独立式要稳。

6.弓步拿、扎枪

（1）练习方法

①左脚落在右脚前，上体右转呈半马步姿势。右手由上向下"拿枪"。
②右腿蹬直呈左弓步。双手握枪向前平扎。

（2）练习要点

弓步拿、扎枪要求落步和拿枪动作要协调一致。

7.马步盖把枪

（1）练习方法

①半马步姿势，双手握枪撤回。
②两手上滑使枪杆后移，枪尖指向斜前上方。
③右脚向前一步跨出，向左后方向转体，屈膝呈马步姿势；将枪把从后下向上、向前、向体右侧劈盖。右臂伸向右后方，左手屈抱在胸前，枪身几乎平直。

（2）练习要点

枪后移时，右手先向后带，随即两手前滑。劈盖时应以右手用力为主，同时配合身体下蹲的下压力。

8.舞花拿、扎枪

（1）练习方法

①右转体，右脚后撤一步。左手握枪向上、向前下压，右手握枪向左腋下绕行，使枪把向下、向后抡圆，枪尖向上、向前抡圆。

②左手握枪继续下压，右手向身体左侧伸直，双臂交叉于胸前。同时右转体，使枪尖沿右腿外侧后摆。

③左脚向前一步迈出，右手握枪向下、向后摆，停在右腰侧，左手握枪向上、向前抢摆，使枪尖向上、向前绕行。随即两手做拿枪动作向前平扎。

（2）练习要点

舞花时，两手应虚握枪杆，以便两臂成十字交叉，枪杆须抢圆，并且贴身。插右步和向右后转体动作必须同时进行，连贯协调。

（四）第三段

1.上步劈、扎枪

（1）练习方法

①稍微向左转体，提起右脚平蹬向前方。左手握枪微上提，向上前方挑枪尖。

②右脚落在左脚前，屈膝交叉半蹲。右手下压由上向前下劈。

（2）练习要点

蹬脚与挑枪，落步与劈枪动作要协调。劈枪时，左手下压要与右手略上提起配合协调，枪须直向下劈。

2.挑把转身拿、扎枪

（1）练习方法

①右转体呈半马步姿势。两手握枪撤回。

②向左后方向转体，右脚向前一步迈出，两手松握枪杆使枪后缩，然后随着上步将枪挑起，向前伸展右臂，屈肘置于左腰侧，双目注视枪把。

③继续上挑，右脚尖内扣，屈左膝上提，向左后方转体180°，使枪尖右下方绕行。

（2）练习要点

转身和枪尖绕行是一个连续的动作，不要停顿。挑把转体后，右手立即移握于枪把。

3.横裆步劈枪

（1）练习方法

①右转体呈半马步。两手握枪撤回。

②右脚向后一步撤退，两手握枪使枪尖向前下方绕行，左脚向后一步撤退，屈右膝成左横裆步。两手握枪使枪尖向身后、向上、向前下劈，左臂向前伸展，右手停在右肋侧。

（2）练习要点

劈枪与横裆步要协调一致。

4.虚步下扎枪

（1）练习方法

左脚向前跨出，脚尖点地呈高虚步姿势。两手握枪向前上方扎出。双目注视枪尖。

（2）练习要点

枪尖绕圈时速度要均匀，用力不要过大。下扎枪时上体要伸展。

5.歇步拿枪

（1）练习方法

①左转体，右手握枪把向右、向下划半圆；左臂前伸。

②屈膝下蹲呈歇步。两手握枪拿枪，左臂伸向前方，右臂屈肘置于腹前，枪身保持平直。

（2）练习要点

枪向上划圆时不要用力，下蹲与拿枪动作须协调一致。

6.马步单平枪

（1）练习方法

①两腿屈膝下蹲呈马步姿势。

②左手向左平伸立掌，右手握枪把向右平扎。

（2）练习要点

上步和扎枪须同时进行，枪身要平，右手转向前。

7.插步拦、拿中平扎枪

（1）练习方法

①上体向右后方向转。右手握枪把，左手前伸将枪杆中端握住。

②左脚向左一步跨出，右脚向左倒插。双手握枪拦枪。

③左脚向左一步跨出，屈膝半蹲呈半马步姿势。两手握枪拿枪。

④右腿蹬直，上体左转呈左弓步。两手握枪向前平扎。

（2）练习要点

撤枪时，右手要向后平拉，不要摆动。拦枪时右手划圆不要太大，离身不得过远，动作要快。插步和拦枪须协调一致，拦、拿枪动作要尽量配合上腰劲，使其圆活有力。

8.弓步拉枪

（1）练习方法

蹬直左腿，右转体，屈右膝半蹲呈右弓步。右手握枪把拉向右肩前，左臂下压，使枪尖向后下方绕行，双目注视枪尖。

（2）练习要点

①转体时，身体须保持原来高度。

②转体与拉枪动作要协调。

（五）第四段

1.转身中平枪

（1）练习方法

①左脚右跨一步并屈膝，蹬直右腿。

②右脚向左脚内侧移动，持枪姿势保持不变。

③身体向左后方向转，右脚向前一步跨出呈右弓步姿势。同时左手前

伸，右手握枪把前向下、向腹前绕行，使枪尖向身后、向上划圆。上动不停，双手握枪向前平扎，双目注视枪尖。

（2）练习要点

上步和转体动作要稳定。右脚在离地绕步时不要提得太高。

2.转身拉枪

（1）练习方法

①左转体，提左膝，右脚支撑重心。

②右手握枪把向上提到右胸前，左手握在枪杆中段，在转体同时枪尖向身体左下侧绕行。双目注视枪尖。

（2）练习要点

拉枪与转体要协调一致。枪尖斜向下，但不可触地。

3.插步拔枪

（1）练习方法

①左脚落在左侧呈横裆步，左手向前下方推送并稍向右手附近滑握；右手将枪把向左下方推，使枪尖向前下拨动。

②右脚向左插步，右手握枪把向右肋前拉，使枪尖向后拨动。

（2）练习要点

前拔枪和落步、后拔枪和插步都要协调一致，两组动作要连贯，中间不要停顿。整个动作过程中，身体保持原高度。

4.并步下扎枪

（1）练习方法

①左脚左跨一步，两手握枪使枪尖向前上方挑起。

②右脚并向左脚，直膝站立。两手握枪使枪尖向左前下方画弧扎出，向前伸左手，双目注视枪尖。

（2）练习要点

①枪尖画弧时不要高过头顶。

②向下扎枪后，枪杆在身体的左前侧，枪身斜举，枪尖与脚背同高。

5.跳步中平枪

（1）练习方法

①右脚向前跨出一步，左脚向右脚靠近，屈膝稍上提。右手将枪把握住向下翻转，随后将枪把撤到右腰侧做拿枪动作，右手向前伸握在枪杆中段。

②左脚落在右脚前，屈膝呈左弓步姿势。双手握枪向前平扎。

（2）练习要点

跳步不要过高，动作须轻巧灵活。跳步应与拿枪动作协调一致。

6.拗步盖把枪

（1）练习方法

①右转体，左脚后撤。手握枪杆后缩，左臂于胸前屈肘，右手置于右胯侧。

②左转体，右手从后向上、向前绕行，使枪把向上、向前盖劈，左手收到腋下。双目注视枪把。

（2）练习要点

枪杆后缩时，两手要松握并前移。盖把时右手要用力下压。

7.仆步劈枪、弓步中平枪

（1）练习方法

①左脚并向右脚，屈膝上提，两手握枪使枪尖向上、向前画弧。向前伸左手，右手置于右肋旁。

②右腿屈膝全蹲呈左仆步姿势。左手用力下劈枪杆，向前伸左臂，上体前倾，双目注视枪尖。

（2）练习要点

枪把划圆（简称拨把）时要以右手用力为主。枪下劈时，右手要向后拉带。

8.转身弓步中平枪

（1）练习方法

①双手握枪将枪杆后缩，右脚向前一步跨出，屈膝。右手握枪使枪把向

下、向前上挑起，左手位于左胯旁。

②上体向左后方向转，屈左膝上提。右手握住枪把，向上举到头部顶，左手滑握向枪把。

③左脚下落，屈膝，左转体。两手握枪拿枪后向前平扎。

（2）练习要点

挑枪时，枪把须贴近右腿外侧。

（六）结束动作

1.练习方法

（1）右转体呈半马步姿势。右手将枪把握住向右腰侧撤回，左手将枪杆中段握住。

（2）直膝而立，左手将枪杆握住向后上方摆，稍向左转体。

（3）继续左转体，右手摆向胸前，左手继续落向后下方，使枪尖向下弧形绕行。左脚向体前迈出半步呈高虚步。

（4）右手向上、向右拉开，左手向左摆，使枪杆在身前呈斜横姿势。

（5）右手落在身体右下方，左手向左前上方托起，使枪尖向左前、向右上方绕行。

（6）左脚并向右脚，当枪杆到达垂直部位时，右手稍上滑，将枪杆中下段握住，左手离开枪把落在体侧。平视左侧。

2.练习要点

（1）枪尖由左下向上摆至垂直的位置，必须划一个斜形立圆。

（2）在枪杆摆动过程中，左手始终要松握，使其滑动自如。

三、武术套路的负荷控制训练

（一）武术套路训练负荷安排要点

1.明确目标、突出重点

套路训练负荷安排需要注意目标定位。在以训练课为单位的负荷安排中，套路负荷强度由小到大的顺序是太极拳类项目—对练项目—长拳类项目—南拳类项目。因此，明确训练目标，在安排不同项目负荷的量与强度时，不仅应该将该项目的强度特征、用力特点纳入考虑的范围，同时还应该考虑练习前后项目技术间的正负迁移。

2.速度力量优先、项目交替为益

在套路负荷安排时，一些难度大、结构复杂、对速度与准确性要求高的项目宜安排在其他要求相对较低的项目之后进行练习。为避免过快引起练习者神经方面的疲劳，套路负荷块之间可进行负荷强弱相间、徒手与器械项目相间、对练与单练相间的负荷安排。在太极拳类项目与长拳类项目练习的安排中需要注意的是，太极拳的肌肉运动形式多以慢速为主，与长拳类项目中的快速动作占主导有很大的区别，建议太极拳类项目练习不要与其他长拳类项目、对练类项目（对神经灵活性要求高）安排在同一训练课中。

3.突出基本功专一化练习

基本功专一化练习旨在提高符合本项目的专项身体素质，它是建立在基本功练习之上，但有别于基本功练习内容，为满足特定项目而进行的有针对性的练习。与之相反，基本功练习建立在符合一般武术套路项目特点的基础上，是符合武术套路练习最基本身体素质要求的练习内容。基本功专一化又可称为专项基本功：主要出现在太极拳械项目、南派拳械项目的练习内容中。由于太极拳械类、南派拳械项目在基本的步法、手法，以及动作的发力等方面有别于套路的拳械项目（除太极拳械、南派拳械的拳械项目），因此，专项基本功练习更接近于项目需要。如太极拳类项目专项基本功中的站桩，目的是提高练习者腿部力量，帮助练习者集中注意力、调节呼吸、提高机体的本体感觉能力等；太极拳械项目中的进退步练习，其目的是提高练习者肌肉的控制力、身体的平衡能力、加强动作与呼吸的协调性等；再如南派拳械项目中的各类步法、手法练习，其进退步、出手的时间顺序、发力时间顺序等与其他项目存在着一些差异。

4.负荷随运动员技术水平的提高发生变化

套路技术水平的提高是从简单到复杂的过程，即单式、组合、分段、半套、整套的过程。从负荷安排的角度分析，水平较低的运动员刚开始要做简单、需大量重复练习的内容，一般是动作元素中的基本动作、一般动作以及难度动作，即套路中的单式、组合、分段。这些练习内容一般在动作完成的时间上相对较短，动作数量相对较少（相对于整个套路而言），便于以重复或持续练习法练习，以获得熟能生巧的效果。随着运动员技术水平的提高，这种以量为主的负荷应逐渐过渡到强度与量持平，甚至强度大于量阶段。此时应多以分段、半套、整套甚至超套作为练习内容，见表4-1。

表4-1 不同水平武术练习者负荷与强度安排[①]

运动水平	目的	内容	强度	运动量
初学者	提高动作熟练程度	以时间不超过30秒的练习内容为主	小，以完全恢复为主	大，以大量的重复练习为主
中等水平	全面提高武术专项水平	以提高基本动作、基本技术、演练水平为主。10秒内的练习内容以提高动作速度为主；40秒内的练习内容以提高演练水平为主	小，以提高动作质量、动作速度为主，以完全恢复为主	1.中等，以完全恢复为主 2.大，以大量的重复练习为主 3.中到大，以大量重复练习为主

---

① 侯介华.武术套路教学与训练[M].北京：北京体育大学出版社，2002：146.

续表4-1

运动水平	目的	内容	强度	运动量
高水平	巩固和改善	以改善不足、提高动作稳定性为主。10秒内的练习内容以完善动作为主；20~30秒的练习内容以完善新编动作，提高演练水平为主；40秒以上练习内容以提高演练水平和稳定性为主	1.小，以完全恢复为主 2.中等，以完全恢复为主 3.大，以不完全恢复为主	1.中等，以中等的量进行练习，注意防止劳损性伤病 2.小，以少的重复次数和不完全恢复的间歇训练方式提高专项耐力

（二）武术套路训练负荷块练习形式

在训练课中，多以块状负荷来具体实施训练。块状负荷是指将训练课中练习目标、负荷强度相近的练习内容以块的形式进行归类。从负荷强度看，不同块状负荷具有不同的强度；从负荷量看，不同块状负荷的重复次数、数量依据各负荷块的具体需要而定。下面针对武术套路项目的特点着重讨论块状负荷及其实施细则。

1.热身负荷块

（1）目的

通过中低强度的身体活动，达到升高体温，加快机体代谢水平的作用，为接下来的活动做好准备的目的。

（2）特点

负荷小，时间不长，多以比划套路动作、练习其他运动项目、游戏等作为热身练习内容。

（3）练习内容

比划套路动作、各种游戏活动、不同速度或节奏的跑步练习、各种球类活动、各种形式的体操（准备活动操）等。

2.基本功负荷块

（1）目的

提高套路所需的专项体能、专项技能、专项心理能力。

（2）特点

动作持续时间短，强度小，以重复练习为主要练习形式，重复的次数较多，多在训练课的前半部分完成。

（3）练习内容

各种柔韧练习，包括肩臂部、腰部、腿部柔韧练习，各种腿法练习，各种跳跃练习，各种步法练习等。

3.基本动作负荷块

（1）目的

提高基本动作完成的准确性、稳定性、节奏性（速度劲力的视觉体现），建立正确的动作感知能力，发展相关肌肉力量素质，培养运动员意识等目的。

（2）特点

动作持续时间短，强度小，以重复练习为主，分动力型与静力型练习。动力型练习是反复重复练习同一动作，也称单式或单操练习；静力型练习是一定时间内维持某一动作的静止状态。

（3）练习内容

单式动作练习、摆动作练习（保持一定时间）等。

4.半套负荷块

（1）目的

提高套路演练的整体水平，提高练习者在较高水平上动作的规格、半套的速度劲力、节奏、意识等专项技术及套路演练能力，同时，也可以达到提高有氧和无氧能力的目的。有氧能力一般体现在完成半套后的恢复过程或太极拳械项目练习的全过程及结束后的恢复期。

（2）特点

它是练习者技能、体能、心理能力以及战术能力的综合体现。负荷表现为强度较大，动作较多，技术较复杂。负荷安排上根据需要安排重复、间歇练习。重复练习主要是提高组合动作的整体水平。

（2）练习内容

二分之一的套路练习。

5.整套负荷块

（1）目的

提高套路练习的整体水平，也包括对套路完成时间、套路的整体性等多方面能力的提高。

（2）特点

它是练习者专项技能、专项体能、专项心理能力以及战术能力的综合体现。负荷表现为强度大，动作多，技术复杂。负荷安排上根据需要安排重复、间歇练习。重复练习主要是提高整套动作的整体水平，在练习时应保证练习者机能恢复或基本能够胜任下一个套路练习。间歇训练的主要目的，一方面是提高整套动作的整体能力；另一方面是提高练习者的无氧糖酵解能力。

（3）练习内容

整套练习。

四、武术套路的计算机辅助训练

计算机辅助训练是指在运动训练过程中，利用计算机的贮存、运算、逻辑等能力，结合针对该项目所开发的软硬件设施，辅助训练者分析、预测、跟踪、决策，以及实现人—机、人—人信息交流等工作的训练模式。但需要明确的是，虽然计算机辅助训练不能替代人的创造性劳动，但因其高速的运算、较大的贮存以及远程通信能力将为我们制订训练计划、预测运动成绩、进行技术动作分析等提供帮助。

武术套路计算机辅助训练的优势在于，它能够根据训练者的需求提供个性化的训练方案。计算机辅助训练系统可以存储大量的武术套路数据，通过数据挖掘和人工智能技术，为训练者找出适合自己的训练方法。此外，该系统还可以模拟真实的武术比赛场景，使训练者在虚拟环境中提高比赛应对能力。

在武术套路训练中，计算机辅助训练可以对训练者的动作进行实时分析，对其中的不足和错误进行及时反馈，帮助训练者纠正错误，提高技能水平。同时，计算机辅助训练还可以通过摄像头、传感器等设备，收集训练者的动作数据，将其与优秀运动员的动作进行对比，以便于训练者更好地了解自己的优势和劣势。

另外，计算机辅助训练具有远程教育和互动交流的功能，使得训练者可以在家中进行训练，节省了时间成本。教练员可以通过网络远程监控和指导训练者，实现实时互动。同时，训练者还可以与同伴进行在线交流，分享训练经验和心得，共同提高武术套路的技能水平。

为了充分发挥计算机辅助训练在武术套路训练中的作用，我们需要采取一系列的措施。

首先，我们需要加大对计算机软硬件的开发力度，提高其智能化水平，以便更好地为训练者提供个性化的指导。其次，我们应注重培养训练者的计算机技能，使其能够熟练地运用计算机辅助训练系统，提高训练效率。此外，我们还需加强与国内外相关领域的合作与交流，引进先进的计算机辅助训练技术，为我国的武术套路训练注入新的活力。

然而，我们也应看到计算机辅助训练的局限性。首先，计算机辅助训练无法完全替代人类教练的个性化指导，特别是在心理素质培养、意志力锻炼等方面。其次，计算机辅助训练过于依赖技术设备，可能会导致训练者在面对真实比赛时，因技术设备的缺失而影响发挥。因此，在运用计算机辅助训练的同时，为了克服计算机辅助训练的局限性，我们还需要结合传统训练方法，实现优势互补。例如，在心理素质培养、意志力锻炼等方面，我们可以借鉴传统武术中的修行方法，通过实际的身体训练和心理辅导，全面提升训练者的竞技状态。此外，我们还需要加强对计算机辅助训练的监管，确保其在实际运用中能够真正为训练者带来益处。

总之，计算机辅助训练在武术套路训练中具有很大的应用价值。它可以帮助训练者提高技能水平、优化训练计划，并实现远程互动。然而，在运用计算机辅助训练的过程中，我们还需关注其局限性，注重与传统训练方法的结合，以实现武术套路训练的全面发展。随着科技的不断进步，相信在不久的将来，计算机辅助训练将在武术套路领域发挥更大的作用。

在未来的发展中，计算机辅助训练将会在武术套路训练中发挥越来越重要的作用。我们可以预见，随着科技的不断进步，计算机辅助训练将能够提供更加智能、个性化的服务，帮助训练者更快地提升自己的技能水平。同时，计算机辅助训练也将会与传统的训练方法更加紧密地结合在一起，共同推动武术套路训练的全面发展。

计算机辅助训练在武术套路训练中的应用前景是十分广阔的。我们应积极探索和研究其潜力，克服其局限性，努力将这一先进的技术运用到实际训练中去。只有这样，我们才能更好地推动武术套路训练的发展，为我国的体育事业做出更大的贡献。

第二节　武术散打训练

一、武术散打的基本功训练

（一）基本功训练内容

武术散打以踢、打、摔为主要进攻技法，格、挡、抱为主要防守动作，形成了色彩鲜明、体系完备的训练模式。武术散打的基本功一般是指最基础、最常用、单一的基础动作。主要包括：预备式（实战姿势）、基本步法、基本拳法、基本腿法、基本摔法、基本跌法、基本防守法等。

1.预备式(实战姿势)

两脚前后开立略同肩宽,左脚全脚掌着地,脚尖内扣约45°,右脚跟稍抬起,前脚掌着地,两膝微屈,自然里扣,两脚前后相距10~15厘米,身体重心在两脚之间,含胸、收腹、敛臀。两手握拳,屈肘置于胸前,拳眼向内,左臂屈曲大于90°,肘尖下垂,拳面高与鼻尖平,右臂屈曲约45°,置于右颌前,沉肩垂肘,下颌微收,含齿闭唇,目视对手。

2.基本步法

基本步法包括:滑步、退步、跨步、撤步、闪步、垫步、纵步、跃步等。

(1)滑步

①动作要领

以实战姿势站立,后脚蹬地,前脚(左脚)先向前进半步,随之另一侧脚快速跟上。

②动作关键

进步步幅不可太大,后脚随之跟进相同的距离,后脚跟进后时,整个动作仍为实战姿势站立。进步与跟步越快越好。

(2)退步

①动作要领

以实战姿势站立,前脚蹬地,后脚稍离地向后滑出20~30厘米,前脚再向后退回半步。

②动作关键

退步时,步幅不宜过大,整个动作完成后仍为实战姿势站立,退步要迅速。

(3)跨步

①动作要领

以实战姿势站立,左(右)脚向左(右)侧跨半步,右(左)脚略向左(右)脚靠近,两膝弯曲。同时右臂向斜下伸出,左拳回收至腮旁。

②动作关键

实战中,这种步法主要应用于侧闪防守,跨步后,身体重心下降,这样有利于进行反击。两腿要虚实结合,两臂主要用作上下的防守,形成较大的防守面。

(4)撤步

①动作要领

以实战姿势站立,前脚向后撤一步,成右前左后,左脚跟离地,右脚尖外展,重心偏于右腿。

②动作关键

撤步的幅度不要太大,重心在移动时不宜太过明显,两脚要轻快灵活。

(5)闪步

①动作要领

以实战姿势站立,左(右)脚向左(右)侧闪半步,右(左)脚随之向左(右)侧滑步。同时,向右(左)转体约90°。这种方法主要适用于实战中的侧闪防守。

②动作关键

在闪步的过程中,侧闪步的同时要转体,以躲闪对方的正面进攻,两脚的步伐移动要迅速快捷。

(6)垫步

①动作要领

以实战姿势站立,后脚蹬地向前脚内侧并拢,同时前脚屈膝提起。

②动作关键

后脚要迅速向前脚并拢,垫步与提膝的动作要连贯,不停顿,身体重心前移,但勿向上腾空。

(7)纵步

①动作要领

第一,单脚纵步:以实战姿势站立,一腿屈膝上提,另一腿连续蹬地,使身体向前移动。

第二,双脚纵步:以实战姿势站立,两脚同时蹬地,使身体向上或向前、后、左、右跳起,再落地。

②动作关键

启动前不宜过分降低重心，不然容易暴露动作意图，纵跳时髋关节和上体要保持一定的紧张度，上体保持正直，腾空要低一些。

（8）跃步

①动作要领

以实战姿势站立，右脚蹬地后向前跨越一步，随之左脚向前迈一步，整个动作完成后还原实战势。

②动作关键

后脚向前跃步与前脚向前上步具有连贯性并且迅速，上体不要前后晃动，身体不要腾空。

3.基本拳法

基本拳法包括：冲拳、掼拳、鞭拳、抄拳等，是形成组合技术的基本元素。

（1）冲拳

动作要领：以左冲拳为例。向右侧转腰，重心稍前移，左手内旋，左拳直线向前打出，拳心朝下（图4-1）。

图4-1　左冲拳

（2）掼拳

动作要领：以左掼拳为例。实战步，上体稍右转，左拳向外、向前、向里横掼，左手臂稍屈，拳心向下，右拳与右侧脸颊基本同高，保护好头部，目视前方（图4-2）。

图4-2 左掼拳

（3）鞭拳

动作要领：以左鞭拳击头为例。以实战姿势站立，重心前移，上身前探，左臂旋臂前伸，随之以肘为轴，猛甩腕翻拳，要用拳背来击打对方的头部。可以结合贯拳进行击打，如果击打落空，还可以顺势反背逆向鞭击头部。在处于败势退步时也可以用这种拳法，突然左插步向左后转身180°，鞭击对方或前手佯攻，朝对手方向倒插步转身鞭击头部。

（4）抄拳

动作要领：以左抄拳击头为例。以实战姿势站立，将重心移向左脚，身体位置略微下沉，瞬间挺直腰部和左腿，借挺展力量带动手臂，拳自下而上抄起。在击打的一瞬间，拳心朝内。

4.基本腿法

基本腿法包括：鞭腿、正蹬腿、侧踹腿、正劈腿、勾踢腿、截击腿、转身鞭腿、转身后蹬、转身劈腿等，是形成组合技术的基本元素。腿法基本技术常用于比赛中的试探、进攻、控距等方面。因下肢长、肌肉大形成距离远、力量大的优势，往往在比赛中容易击垮对手。一个运动员如果腿法灵活，往往在比赛中能占领一定的优势。

下面主要分析蹬腿、踹腿、鞭腿、扫腿的动作要领。

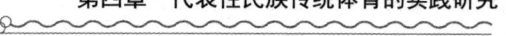

（1）蹬腿

动作要领：以左正蹬腿为例。实战步，右膝稍屈，左腿屈膝并上抬到达到胸腹部高度，脚尖上勾，左脚用力平直向前蹬出，身体稍后仰（图4-3）。

图4-3　左正蹬腿

（2）踹腿

动作要领：以左踹腿为例。实战步，右腿稍屈膝，重心放在右腿，左腿屈膝并上提，小腿外摆，脚尖勾起，脚面正对攻击对象，髋舒展，直膝向上踹，身体后仰（图4-4）。

图4-4　左踹腿

（3）鞭腿

动作要领：前脚向前滑动一步，前移约10～20厘米，带动后脚前移，支撑身体重量。即将要落步时，屈膝向斜前方向高抬大腿，带动小腿发力，随之用力拧腰转髋，猛挺膝，横向由外向内用力踢出，力达足背。这种腿法适合在移动中起腿。

（4）扫腿

动作要领：左腿屈膝全蹲，以前脚掌为轴，上体右转，双手于两脚之间扶地，同时上体向右转体一周，展髋带动右腿向左后方弧线擦地直腿后扫，脚掌内扣勾紧，力达脚后跟。

5.基本摔法

武术散打的摔法是近距离较量的技法，主要分为接腿摔、贴身摔两种摔法。接褪摔包括：接腿压腿摔、接腿别腿摔、接腿手别、接腿涮摔、接腿勾踢等。贴身摔包括：抱腿前顶、保单腿旋压、包双腿枕摔、手别、夹颈摔、压颈搂腿摔等。武术散打的摔法众多，运动员一般都有自己侧重学习的摔法，本书将介绍两种最常用的摔法。

（1）接腿摔

①接腿勾踢

接腿勾踢是在接鞭腿基础上进行的勾踢，其动作简洁有力，成功率高，吸引多数初学者学习使用。

动作要领：在接鞭腿的基础上，快速靠近对方，上步勾踢对方支撑脚，双手顺势向前上方掀起，致使对方倒地。

易犯错误：上步不及时，距离过远；勾踢无力；双手并未向前上掀起。

②接腿别腿摔

接腿别腿摔是在接腿基础上进行别腿的摔法。

动作要领：在接腿基础上，转身撤步，别打对方支撑腿，身体向外转动别压对方的鞭腿。

易犯错误：撤步不及时；别打无力；双手别压鞭腿未转腰带胯。

（2）贴身摔

①抱腿前顶

抱腿前顶在武术散打比赛中的应用比较广泛，这是一种在近身状态下进行的摔法。

动作要领：下潜抱对方双腿，肩部顶靠对方腹部，双手用力回拉，将对方摔倒。

易犯错误：弯腰下潜，回拉无力；肩部未顶靠对手。

②夹颈摔

夹颈摔是在近身时手臂夹住对手颈部而进行的一种摔法。

动作要领：在近身时，右臂迅速夹住对方颈部，迅速转腰顶胯，顶住对方腹胯部，夹颈上拉，身体转身下压将对方摔倒。

易犯错误：顶胯无力；夹颈无上拉意识；转身下压，腿部弯曲。

6.基本跌法

跌法是指倒地所使用的方法，分为主动倒地和被动倒地两种。主动倒地是指主观意识故意使自己倒地，其目的是衔接技法。主动倒地进行进攻是符合武术散打竞赛规则的，因此，掌握一定的主动倒地技术可以提升自己的技术能力。被动倒地是指被动性地被对方使用技法而倒地，倒地往往具有突发性和不确定性，因此，学习倒地技术可以使自己在倒地时进行自我保护，有效减少冲击力，避免扭伤、骨折等严重的损伤。常见的主动倒地技术有伏地后扫腿、倒地后蹬腿、腾空剪绞腿等，被动倒地技术有前倒、后倒、侧倒等。

7.基本防守法

基本防守法分为接触性防守和非接触性防守。接触性防守是利用身体的防守部位与对方进攻部位接触以达到防守的目的。接触性防守主要包括：拍挡、挂挡、拍压、抄抱、外截、里挂、掩饰、阻挡等。非接触性防守是指利用身体姿势的变化或双脚的移动来躲避对手的进攻。非接触性防守主要包括：左右躲闪、后闪、下躲闪等。

接触性防守：拍挡，以左拍挡为例，在预备式的基础上，左手以手心为力点向里横拍。易犯错误：横排幅度大；力点偏移。

非接触性防守：左右躲闪，重心降低、含胸收腹、上体向左或右躲闪。易犯错误：躲闪幅度大；躲闪时失重心。

（二）基本功训练原理

武术散打是基于传统武术技击动作与现代西方自由搏击的技法动作结合

而成的新的技术体系，其技术动作的甄选符合生物力学原理、时空原理、相生相克原理等。

1.生物力学原理

散打，作为中国传统武术的重要组成部分，其技击特点鲜明，攻防一体，技术丰富。近年来，散打运动在国内外迅速发展，在国际武术比赛中也取得了骄人的成绩。为了更好地理解和掌握散打的技战术，深入研究其生物力学原理至关重要。

生物力学是研究生物体运动规律的学科，它将力学原理应用于人体运动，分析人体在运动过程中的力学特性和运动规律。散打作为一项对抗性运动，其技术动作涉及人体各个部位的协调配合，以及力、速度、柔韧性等多方面的因素。因此，应用生物力学原理分析散打技术动作，可以帮助我们更加科学地理解和掌握散打的技战术，提高散打运动员的技战术水平。

散打技术动作主要包括拳法、腿法、摔法和防守技术等。每个技术动作都有一定的生物力学原理，具体如下。

拳法：拳击的生物力学原理主要体现在拳击的力学链、拳击的速度和力量、拳击的准确性等方面。拳击的力学链是指拳击过程中，从脚、腰、肩、肘、腕到拳头的发力顺序，遵循"整体带动局部"的原则，最大限度地发挥拳击的力量。拳击的速度和力量取决于肌肉的收缩速度和力量，以及拳击的技巧。拳击的准确性取决于拳击的瞄准和控制能力。

腿法：腿法的生物力学原理主要体现在腿法的支撑、腿法的速度和力量、腿法的平衡等方面。腿法的支撑是指使用腿法过程中下肢的支撑作用，保证身体的稳定和平衡。腿法的速度和力量取决于腿部肌肉的收缩速度和力量，以及腿法的技巧。腿法的平衡是指使用腿法过程中身体的重心控制能力，保证腿法的准确性和稳定性。

摔法：摔法的生物力学原理主要体现在摔法的重心转移、摔法的技巧和摔法的安全等方面。摔法的重心转移是指使用摔法过程中身体重心的快速移动，以获得更大的力量和控制力。摔法的技巧是指使用摔法过程中对身体各部位的控制和协调能力，保证摔法的准确性和有效性。摔法的安全是指使用摔法过程中对自身和对手的安全保护，避免造成伤害。

防守技术：防守技术的生物力学原理主要体现在防守技术的反应速度、防守技术的技巧和防守技术的安全性等方面。防守技术的反应速度是指防守过程中对攻击的快速反应能力，保证及时有效地进行防守。防守技术的技巧是指防守过程中对身体各部位的控制和协调能力，保证防守的准确性和有效性。防守技术的安全性是指防守过程中对自身和对手的安全保护，避免造成不必要的伤害。

2.时空原理

散打作为一项中国传统武术，其技击理论博大精深，其中时空原理是散打技击的重要指导思想。时空原理是指在散打技击中，要充分利用时间和空间的优势，以最小的代价取得最大的效果。具体而言，时空原理包含以下三层含义：第一、时间优势。在散打比赛中，时间是宝贵的资源。把握时机，抢占先机，快速出击，是取得胜利的关键。第二、空间优势。空间是指技击的距离和方位。利用距离和方位变化，寻找最佳攻击和防守位置，是散打技击的重要策略。第三、时空转换。时空转换是指在技击过程中，根据对手的动作和意图，灵活调整自己的时间和空间，以达到克敌制胜的目的。

3.相生相克原理

散打作为中国武术的重要组成部分，其技击理论博大精深，其中蕴含着丰富的相生相克原理。理解和运用这些原理，对于提高散打技战术水平具有重要意义。相生相克，是指事物之间相互依存、相互制约、相互转化的关系。在散打中，相生相克主要体现在技术、战术和心理等方面。

技术相生相克：不同的技术之间存在着相互克制和相互促进的关系。例如，拳克腿、腿克手、手克摔、摔克拳。拳的快速和刚猛可以克制腿的灵活和多变；腿的灵活和多变可以克制手的速度和力量；手的速度和力量可以克制摔的技巧和爆发力；摔的技巧和爆发力可以克制拳的快速和刚猛。

战术相生相克：不同的战术之间也存在着相互克制和相互促进的关系。例如，攻守相克、快慢相克、虚实相克、强弱相克。攻克守，守克攻；快克慢，慢克快；虚克实，实克虚；强克弱，弱克强。

心理相生相克：不同的心理状态之间也存在着相互克制和相互促进的关

系。例如，自信克恐惧、冷静克冲动、勇敢克怯懦、沉着克浮躁。

（三）基本功训练方法

1.预备式（实战姿势）

预备式的训练可以是静止的也可以是移动的。徒手练习，或者照镜子练习，可以更加直观地看到自己的动作是否符合标准或实战要求。

2.基本步法

基本步法主要采用有氧训练方法，注意稳定性，培养洞察能力。控制好身体重心，训练时要表现出反击的意识，步幅长度要适中。控制好步幅，训练时要体现出突然性，位移改变要迅速。训练时要注意引导练习者寻找进攻时机，与其他腿法技术相结合进行训练。

常见基本步法的训练方法如下。

（1）滑步

①训练方法

实战姿势站立，行进间的滑步训练。两人一组做步法的攻防训练。

②训练要求

主要采用有氧训练为主，注意滑步的稳定性，培养洞察能力。

（2）退步

①训练方法

与滑步进行配合训练；两人一组，进行攻防训练。实战姿势站立，向后退步换另一侧的实战姿势。

②训练要求

要控制好身体重心，训练时要表现出反击的意识。

（3）跨步

①训练方法

两人一组进行训练，一方用拳法进行攻击，一方运用跨步技术躲闪。实战姿势站立，进行向左（右）的跨步训练。

②训练要求

注意控制跨步的步幅以及头部的防守。

（4）撤步

①训练方法

两人一组做攻防训练。实战姿势站立，进行反复的撤步练习。

②训练要求

注意控制好身体重心，步幅长度要适中。

（5）闪步

①训练方法

实战姿势站立，向前或向后进行闪步的训练。两人一组，在一定的条件限制下，运用闪步进行攻防的训练。

②训练要求

控制好步幅，训练时要体现出突然性，位移改变要迅速。

（6）垫步

①训练方法

实战姿势站立，向前垫步练习。与其他腿法技术相结合进行训练。

②训练要求

垫步技术一般是为前腿进攻打基础的，因此在训练时要注意引导练习者寻找进攻时机。后脚蹬地、前落与恢复要协调一致，注意隐蔽性。

（7）纵步

①训练方法

实战姿势站立，向前（后）纵步训练。两人一组，在一定距离条件约束下，运用纵步调整攻防训练。

②训练要求

这种步法适用于快速的距离调整，因此训练时要突出起动的突然性，位移改变转换要快。

（8）跃步

①训练方法

实战姿势站立，进行2~5次的跃步训练，行进间的攻防训练。

②训练要求

控制好移动步幅,保持稳定的重心,转换要迅速。

3.基本拳法

听从教练员的提示进行训练,主要训练目的就是加强动作的规范化练习,体会发力与冲拳路线。注意控制好训练结构,严格要求动作质量。

常见基本拳法的训练方法如下。

(1)冲拳

①训练方法

第一,实战姿势站立,原地左右冲拳空击训练。

第二,行进间左右冲拳空击训练。

第三,原地左右冲拳打固定手靶训练。

第四,左右冲拳打沙包训练。

②训练要求

听从教练员的提示进行训练,主要训练目的就是加强动作的规范化练习,体会发力与冲拳路线。

(2)掼拳

①训练方法

第一,实战姿势站立,反复进行原地掼拳的空击训练。

第二,行进间左右贯拳训练。

第三,结合冲拳技术进行组合训练。

②训练要求

听从教练员的指导,避免盲目训练。

(3)鞭拳

①训练方法

第一,行进间鞭拳训练(进攻和反击相结合)。

第二,鞭拳打固定手靶训练。

②训练要求

注意节奏的控制,体现攻防要素。

（4）抄拳

①训练方法

第一，实战姿势站立，原地抄拳训练。

第二，抄拳打固定手靶。

②训练要求

注意控制好训练结构，严格要求动作质量。

4.基本腿法

强化动作规范性，体会发力与路线。练习者要注意力量和速度上的控制，主要强化动作的规范性，并能够熟练结合其他技术进行组合训练。完成动作的力点要清晰，要注意步法、拳法、腿法的协调配合，动作要连贯，进攻动作步法位移要快。在固定距离的约束下进行训练。组合动作衔接要连贯，动作分明，整体性强。

常见基本腿法的训练方法如下。

下面主要分析蹬腿、踹腿、鞭腿、扫腿的动作要领。

（1）蹬腿

①训练方法

第一，实战姿势站立，做正蹬腿训练。

第二，行进间正蹬腿训练。

第三，腿法组合训练。

②训练要求

强化动作规范性，体会发力与路线。

（2）踹腿

①训练方法

第一，反复进行侧踹腿训练。

第二，侧踹腿打固定靶训练。

第三，结合其他腿法技术，进行空击训练。

第四，进行组合训练，如左腿正蹬腿结合左腿侧踹腿训练。

②训练要求

练习者要注意力量和速度上的控制，主要强化动作的规范性，并能够熟练结合其他技术进行组合训练。

（3）鞭腿

①训练方法

第一，实战姿势站立，进行左右鞭腿的训练。

第二，腿法战术性技术组合空击训练。

第三，腿法组合训练，如左腿鞭腿、右腿鞭腿、左腿正蹬腿。

②训练要求

完成动作的力点要清晰，要注意步法、拳法、腿法的协调配合，动作要连贯，进攻动作步法位移要快。

（4）扫腿

①训练方法

第一，实战姿势站立，进行扫腿的训练。

第二，拳法与腿法的组合技术，如右冲拳、扫腿。

②训练要求

要使练习者掌握好进攻的距离，在固定距离的约束下进行训练。组合动作衔接要连贯，动作分明，整体性强。

5.基本摔法

注意感知对手的用力方向，整个动作要干净利索，配合协调，一气呵成，听从教练员的重点讲解，先分解动作使练习者了解动作的概念并获得一定的感知，然后再进行完整的训练。提示练习者训练时动作要果断、一致。先分解训练，使练习者重点抓住技术关键环节训练，注意语言提示与示范训练相结合。

6.基本跌法

掌握基本跌法的基本动作、基本发力、着地技巧，在保护条件下形成意识反应，之后再随机性倒地使用跌法。基本跌法的使用要求我们要有亲身的体验与感受，形成下意识的动作反应。

7.基本防守法

第一，模拟空击训练。在了解、掌握了防守的技术动作后，想象对手向

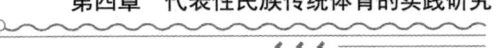

我方发起进攻，然后运用所学技术进行防守动作练习。

第二，模拟实战训练。一名运动员做防守练习，教练员安排另一名运动员进攻，以此方法模拟在实战中守方受到攻击的情景，以此训练运动员的防守技术能力。

第三，防守反击训练。对方运用进攻技法，我方使用防守技法后，衔接进攻技术。

二、武术散打的技法训练

（一）进攻技法训练

武术散打及进攻技法指进攻时所运用的技术方法。它不仅仅是一个具体的技术动作，而是包括技术动作在内的、涉及多方面因素的一个复杂结构。

1.起点姿势

起点姿势指运动员发起进攻之前的身体姿态，它是进攻技法的第一个要素。它可以是预备式，也可以是发起进攻之前的任何姿态。在复杂多变的比赛中，预备式不是任何时候都适合进攻的，只有相应的预备式符合进攻技法时，才有可能达到最佳效果。因此，起点动作研究的重点不是预备式，而是预备式与进攻方法的衔接运用问题，技术规范与预备式属于不同的行为主体。为了区分和强化，将进攻之前的姿态称之为"起点姿势"。例如，进行拳法进攻时，需要在预备式基础上抬高重心；进行后鞭腿时，需要面对对手而不能侧向对手；侧踹腿则需要侧向对手；采用摔法时，需要降低身体重心等。因此，在训练过程中，一定要精通掌握好每一种进攻技术动作所需的起点动作，这样才能提升武术散打技术水平。

2.距离意识

距离意识指运动员发起进攻时对距离的准确判断或预判。这是进攻技法的第二个要素。散打是双人对抗项目，在距离合适时使用技战术有利于得分。如果运动员之间的距离在攻击范围之外，进攻时容易空击，不仅浪费体力，也会因为动作轨迹较长而容易被反击。另外，处于对手的攻击距离之外，对手的攻击没有效果，从心理上可以继续保持放松、冷静的身心状态，减少精神与体力的消耗。然而，当双方进入攻击距离之内时，双方运动员的精神与体力都会因为进攻而消耗。如果在攻击距离内反应不及时，则会导致失分等后果。主动进攻时，必须保证在进攻距离之内对进攻距离做出准确的判断，这是发出进攻动作之前必须具备的一个前提条件。

武术散打主要技法动作包括踢、打、摔。其所需的攻击距离也一样。腿法最远，拳法次之，摔法最近。在激烈的比赛中，双方运动员都会有步伐移动，试图进入攻击距离。试探性的攻击距离是腿法距离。当感觉距离最近，未做好进一步攻击技法动作时可以撤出攻击距离。拳法攻击距离是最常见的在场次数最多的攻击距离。其进可摔法，退可腿法，这对于拳腿摔技术全面的运动员来说是最好的选择。然而在比赛中，我们可以看到一些运动员该进攻时并未采取动作进攻，这是运动员对距离反应迟钝的表现。运动员应具备对攻击距离的准确判断能力，并养成习惯和下意识的反应，这也才能在比赛中将所具备的技术动作发挥出来，其比赛也具有观赏性。

散打比赛中的步伐移动可谓是从开始到结束几乎从未停止。步伐移动是调节进攻距离最直接的手段。运动员脚下灵活，往往可以在进攻距离边界反复横跨。对于一些反应较为迟钝的对手来说是很致命，又很无奈的。

3.避实就虚

避实就虚是运动员采用进攻技法时所需考虑的第三个要素。避实就虚简单来说是避开不利的因素，抓住有利的因素。是避开对手的长处，在比赛中，吃过一次亏，下次就要注意。例如，对手摔法很熟练，就不要给对手贴身的机会，这是避实。一方面是自己的长处，简单来说是自己擅长的技术动作与素质，可以是一个技术动作和组合，也可以是自己的灵敏、速度、耐力等素质。用自己的长处去攻击对手的短处。对手的短处可以是防守部位的破绽，也可以是对手的身体素质，这是就虚。所谓知己知彼，灵活多变才能赢得主动权，这就要求运动员要有冷静多变的能力。另一方面，运动员在预备和防守时很难发觉对手的破绽，这就需要运动员有迷惑对手进攻，激起对手露出破绽的能力。

4.强体静心

强体静心指运动员要有过硬的体能和技能以及冷静果断的心理素质，这是运动员发起进攻应具备的第四个素质。体能和技能是分不开的，对于运动员来说，体能与技能不能相差甚远，体能好，技能差，就显得很笨拙；技能好，体能差，对于整个比赛来说，前期有力，后期没有体能的支撑，再好的技术动作都会打折扣。静心要求运动员要有冷静果断的能力，太兴奋冲动，虽然很勇猛，但是容易失误，会错判、会上当。太冷静，则会反应迟钝。因此，运动员应该兼具冷静思考和果断出击的能力，切忌鲁莽进攻和犹豫不决。

5.合理准确

合理准确指运动员使用技法和击中的部位要符合判断和预想。使用技法不合理，击中部位不准确，则会造成进攻失效。这是运动员进攻所具备的第五个因素。这就要求运动员在训练过程中要对自己使用的技法动作有明确的认知。

（二）防守技法训练

1.闪躲法

闪躲法指运动员在面临对手的进攻时所使用的躲闪方法。包括前俯后仰闪躲、左右闪躲、下潜闪躲、侧身闪躲和后退闪躲。闪躲技法的使用是灵活多变的。有的可以使用多种闪躲方法，例如对手冲拳进攻时，可以采用左右闪躲和侧身闪躲，也可以使用下潜闪躲。有的则只能用一种闪躲方法，效果最佳，例如弧线形拳法我们尽可能地使用下潜闪躲。

2.格挡法

格挡法指运动员在面临对手进攻时，利用手掌或前臂去抵制对方进攻的方法。在双方距离较近时，对手出拳进行攻击，我们可以使用手掌或前臂作为受力点，以此化解对手的进攻。在抵制之后迅速衔接技术动作。

3.拍击法

拍击法常用于防守对手的抄拳和中鞭腿。当对手使用抄拳由下向上进行进攻时，我们在预备式的基础上手掌向下拍击对手前臂阻断进攻。当对手使用中鞭腿进攻时，我们可以使用手臂或手掌去对冲对手的发力，可以起到缓冲作用。之后，立刻衔接进攻技术动作。

4.控距法

控距法指利用空间距离进行防守的技法。距离控制需要运动员有良好的距离判断意识和反应能力。控距法的应用常体现为对手的快速进攻和有力进攻，我们招架不住时，控制距离撤出去，寻找下次进攻机会。

（三）反击技法训练

反击技法是指对手发起进攻时，针对对手进攻的具体情况进行打击的方法。武术散打的竞赛过程中，主要依赖于进攻技术和反击技术，合理运用反击技法会弥补我们进攻技术的缺陷。因此，运动员不仅要加强进攻技法的训练，也要加强反击技法的训练。

1.正面迎击法

正面迎击法指根据对手进攻的具体姿态进行的针对薄弱部位的反击。当对手掼拳进攻时，我们可以以直拳迎击对手面部，因为对手在进攻时，拳脱离防守而进攻，进一步露出薄弱部位。正面迎击不是毫无章法的互相击打，而是在对手进行进攻时所采取的相克之技法。为此，运动员在训练过程中，一方面要有勇于进攻的魄力和勇气，另一方面要有相克技击的意识。

2.防守迎击法

防守迎击法指针对对手进攻的具体技法进行相应的防守，并进一步做出迅速反击的方法。防守迎击主要是两个层面的含义，一是如何防守，二是如何迎击。这要求运动员进行大量的模拟练习，针对对手的每个技术动作如何防守，要形成下意识反应下的技术笃定性，防守后进行反击的技术动作很多，运动员要形成自己反击的风格，做到快速、有力、有效。

3.接势迎击法

接势迎击法指针对对手进攻的轨迹以及最终姿态进行的反击技法，例如，对手用鞭腿进行进攻后，会形成侧身的架势，这时我们便不能以直线性腿法进行进攻，进攻面积小，成功率低，我们应对支撑脚进行扫击，致使对手失去重心而倒地。再如一些接腿摔技术，需要对手的腿法进攻才能完成。

4.下潜钻抱法

下潜钻抱法指针对对手的进攻进行的一种贴身反击方法。在比赛中，常用于对手进攻猛烈的情况，我们进行抱拳护面后下潜抱腰或腿后使用摔法摔倒对手。这就要求运动员在训练过程中要有敏捷的身法和有力的爆发力。过早和过晚的下潜都会使对手察觉。爆发力是成功的关键，运动员良好的爆发力有利于对摔法技术的熟练运用。

三、武术散打的对抗性训练

武术散打是一种具有悠久历史和深厚文化底蕴的搏击运动，它将中国传统武术的技法与现代散打技巧相结合，形成了独具特色的对抗性运动。武术散打对抗性训练是运动员在比赛中提高技艺、增强实力的重要途径。

（一）对抗性训练的重要性

1.提高竞技水平

对抗性训练是检验运动员技术水平和综合实力的重要手段，通过与其他运动员的真实对抗，可以找出自己的不足，并在实战中不断改进。

2.培养应变能力

在对抗性训练中，运动员需要面对不同的对手和场景，这有助于提高他们在比赛中的应变能力。

3.增强心理素质

对抗性训练可以让运动员在高压环境下锻炼自己的心理素质，培养出坚定的信心和勇气。

4.提升团队协作能力

武术散打是一项团体运动，运动员在对抗性训练中需要与队友密切配合，共同应对对手的挑战。

（二）如何进行有效对抗性训练

1.踢击训练

踢击是武术散打中非常重要的技术，包括腿法、脚法、膝法等。在进行踢击训练时，应注意以下几点。

（1）动作要舒展、流畅，发挥出最大的力量。

（2）保持身体平衡，稳定重心。

（3）击打目标时要准确、果断，提高击打力度。

2.打击训练

打击训练主要包括手法、肘法、肩法等。在进行打击训练时，要注意以下几点。

（1）手法要灵活多变，善于利用手腕、手臂的力量。

（2）肘法要紧凑，利用肘关节的杠杆作用增大打击力度。

（3）肩法要充分利用肩关节的转动幅度，提高打击范围。

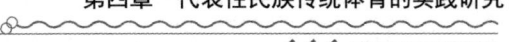

3.摔法训练

摔法是武术散打中独具特色的技能，包括抱摔、拖摔、扛摔等。在进行摔法训练时，要注意以下几点。

（1）把握好摔法的时机，抓住对手的失误或破绽。

（2）运用身体各部位的协调力量，提高摔法的成功率。

（3）提高自身的灵活性和柔韧性，避免被对手反击。

4.防守与反击训练

防守与反击是武术散打对抗中的关键环节，包括以下几个方面。

（1）提高反应速度，迅速判断对手的进攻意图。

（2）学会多种防守技巧，如闪避、挡击、缠斗等。

（3）熟练运用反击技巧，如反踢、反打、反击摔等。

5.心理素质训练

心理素质在散打对抗中起着至关重要的作用。进行心理素质训练时，要注意以下几点。

（1）培养坚定的信念，增强自信心。

（2）学会控制情绪，保持冷静应对比赛中的变化。

（3）培养合作精神，提高默契度。

总之，武术散打对抗性训练方法旨在提高运动员的综合实力，包括技术、身体素质、心理素质等。

四、武术散打的实战训练

在中华武术中，散打作为一种独特的实战技巧，历来备受推崇。武术散打实战训练，旨在帮助练习者提高自我防御与进攻能力，从而在面临突发状况时能够保护自己，甚至有效制止犯罪。下面解析武术散打实战训练的理念与方法。

（一）武术散打实战训练的核心理念

1.攻防兼备

武术散打实战训练强调攻防兼备，即在防守的同时准备有效的进攻手段。攻防转换要迅速，做到"守中带攻，攻中有守"。

2.借力发力

武术散打实战训练要求练习者学会借力发力，充分利用对方的力量进行反击，达到"四两拨千斤"的效果。

3.变化无穷

武术散打实战训练强调变化无穷，即在实际应用中根据对方的动作和态势，灵活调整自己的攻防策略，使对手无法预测下一步的动作。

4.身心合一

实战训练不仅能够提升身体素质，如速度、力量、柔韧性等，同时还注重培养心理素质，如勇敢、果断、冷静等。武术散打实战训练要求练习者将技术动作与心理素质相结合，做到身心合一，提高临场应变能力。

5.技巧至上

武术散打实战训练重视技巧的运用，通过巧妙地运用身体各部位，如手、脚、肘、膝盖等，快速制敌。

6.寓教于乐

武术散打实战训练采用游戏式教学，让学员在轻松愉快的氛围中体验到武术散打的乐趣，提高学习的积极性。

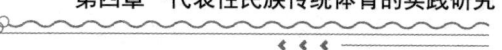

（二）武术散打实战训练的要素

1.技术训练

技术是散打实战的基础，包括拳法、腿法、摔法、拿法等。在训练过程中，要注重基本功的修炼，逐步提高技术的运用熟练度。此外，还要通过对手模拟训练，提高应对不同对手的能力。

2.体能训练

散打实战对运动员的体能要求较高，因此进行有针对性的体能训练至关重要，主要包括有氧运动、力量训练、柔韧性训练等。通过系统地进行体能训练，提高耐力、力量和柔韧性，为实战提供有力支持。

3.心理素质训练

心理素质在散打实战中起到关键作用。要培养良好的心理素质，需要进行意志力训练、情绪控制训练等。同时，通过参加比赛和对抗训练，提高应对高压的能力。

4.战术训练

散打实战中，战术的运用至关重要。要学习如何根据对手的特点制订相应的战术，包括进攻、防守和反击等。在训练过程中，要注重与队友的配合，提高团队协作能力。

（三）武术散打实战训练的基本原则

1.系统性原则

散打训练应从基本功入手，逐步提高，避免一味追求高难度技巧而忽视基础训练。

2.针对性原则

根据运动员个人的身体素质、年龄和需求,制订合适的训练计划。

3.科学性原则

运用现代运动科学理论,结合传统散打技艺,提高训练效果。

4.实践性原则

注重实际对抗训练,培养应对各种状况的能力。

(四)武术散打战术意识训练

武术散打不仅要求运动员具备高超的技术,更要求他们拥有灵活的战术意识。在激烈的比赛中,战术意识往往是决定胜负的关键。因此,对战术意识的训练显得尤为重要。

战术意识在武术散打中表现为运动员根据比赛情况,灵活运用技术、策略的能力。它要求运动员具备敏锐的观察力、准确的判断力和快速的反应力。战术意识不仅是技术的体现,更是智慧的较量。

战术意识训练具有重要意义,表现为以下几方面。

(1)提高比赛竞争力。拥有良好战术意识的运动员,能在比赛中迅速找到对手的破绽,从而占据优势。

(2)促进技术、战术的融合。战术意识训练使运动员更好地将技术与战术结合,提高实战效果。

(3)增强心理承受力。在战术意识的训练过程中,运动员能更好地应对压力,保持冷静。

散打运动员具体可以采取以下方法来进行战术意识训练,增强战术意识和战术能力。

(1)基础技术训练。这是战术意识训练的基础,技术是战术的基础,因此要熟练掌握散打技术,从而为树立战术意识奠定基础。

(2)模拟实战情境。通过模拟比赛场景,深入分析对手的技术特点、习惯动作等，培养运动员预测对手动向的能力，提高运动员对不同情况的应对能力。

（3）心理训练。通过心理训练，增强运动员的心理素质，使其在比赛中能保持冷静、果断。

（4）实战对抗。通过实际对抗，让运动员体验真实的比赛环境，提高战术运用能力。

（五）实战训练注意事项

（1）保持谦逊的态度，尊重教练和同伴。
（2）训练过程中，要注意安全，避免发生意外伤害。
（3）保持良好的作息和饮食习惯，为身体提供足够的营养和休息。
（4）坚持不懈，持之以恒，才能在散打技艺上取得优异的成绩。

第三节 中国式摔跤训练

一、中国式摔跤的基本功训练

（一）基本功训练内容

1.原地基本功训练

原地基本功训练包括腰部基本功训练和腿部基本功训练，其中腰部基本功训练的内容包括：涮腰、扇腰、长腰、大崴桩等；腿部基本功训练的内容包括：跪腿、盘腿、过腿等。

2.专项技术基本功训练

专项技术基本功包括：蹦子、搓窝、踢、别、勾子、里刀勾、揣、手别、脑切、大得合、小得合、入、弹拧、扠闪等。

3.行进基本功训练

以上原地基本功和专项基本功可在行进间进行练习。

4.器械基本功训练

器械基本功训练内容包括：马步推砖、四步推砖、马步抖皮条、皮条绷子、铁链崴桩、小棒子拧、小棒子金刚腰、大棒子肩上横、硕绳子牵腿（穿腿）、腰带小得合、腰带别等。

（二）基本功训练原理

中国式摔跤的基本功训练主要体现在身体柔韧性、力量控制、平衡感、反应速度等多个方面。

1.身体柔韧性训练原理

身体柔韧性对于中国式摔跤运动员至关重要。通过原地基本功的训练，可以提高关节的灵活性和运动范围，使运动员在比赛中能够更加灵活地运用技术。

2.力量控制训练原理

中国式摔跤强调力量的运用与控制。通过力量训练和器械基本功训练的方式，增强运动员的肌肉力量和爆发力，同时配合技术训练，使运动员能够在比赛中精准地控制力量，达到最佳的攻防效果。

3.平衡感训练原理

平衡感是摔跤运动员保持稳定和判断对手动作的关键。通过专项基本功训练的方式，可以提高运动员的平衡感和稳定性，使其在比赛中更加稳健地应对各种情况。

4.反应速度训练原理

反应速度决定了运动员在比赛中的应变能力和先发制人的机会。通过行进基本功训练等方式，可以提高运动员的反应速度和判断能力，使其能够在瞬间做出正确的决策和动作。

中国式摔跤的基本功训练原理涵盖了身体柔韧性、力量控制、平衡感和反应速度等多个方面。应重视中国式摔跤基本功的训练，不断完善训练方法，提高训练效果，制订个性化的训练计划，注重训练的系统性和连贯性。全面、系统地进行基本功训练，才能为运动员在比赛中发挥出最佳的技巧、战术提供坚实的基础。

（三）基本功训练方法

中国式摔跤基本功的训练方法以自我练习为主。教师讲解技术动作要领，示范技术动作，在充分了解和熟练掌握动作要求后，学生多采取原地反复练习来不断强化、巩固正确的动作。边练习边检查，重点体会动作的运行路线、方向、角度、用力技巧与使用动作的合理时机，对动作的力量、速度暂时不作要求。练习中及时发现并纠正错误是防止使用动作前出现预兆，尽量提高动作的隐蔽性；逐步加大练习的强度和密度。通过这种反复练习，不断强化运动员的动作意识，并形成正确的动力定型，从而提升动作的力量和速度。

二、中国式摔跤的技术训练

（一）技术训练的内容

1.跤架

中国式摔跤技术中的站立基本姿势，一般称之为"跤架"。标准的跤架包括高架、矮架、顺架、顶架等。跤架的高低大小要有利于本人顺利移动，以展开进攻和防守。右脚在前，左脚在后，两脚前后相距约一脚长，左右相距稍比肩宽，两腿微屈，重心在两腿之间略偏后，左手在前呈半握拳状，右手在右胸前也呈半握拳状，两肘下垂，两手约与下颌齐平，目视前方。左脚在前称左跤架，右脚在前称右跤架。

2.基本步型和步法

步型与步法是中国式摔跤产生移动以及维持和调整身体重心的关键，也是攻守的前提。在摔跤过程中，如果"脚步乱"，就容易露出破绽，被对方摔倒。摔跤常用的步法有盖步、背步、上步、撤步、滑步、卧步等。摔跤过程中步法的应用要讲究"步动重心移"，切忌走"并步"（两脚并立）和"一线步"（两脚在一条线上），否则便容易失去重心。

3.基本把位和手法

中国式摔跤的每个跤绊都有相应的抓抢部位，如直门、偏门、小袖、大领、前后中心带、小衩、软门、后契等。在中国式摔跤中抢把是用手抢抓对方把位。在摔跤中，手是门户，起着进攻前的准备和防守的作用，如抓、握、推、撕、抹、撑……无不用手。出手抢把贵在快、准、固，抢住自己得力的把位，便可控制对手取得进攻与防守的主动权，也就意味着赢了一半。练把不但要练抢把，同时也要练拆把，即解脱，否则便陷于被动。

4.基本技术

中国式摔跤的技术动作主要由手部动作、手臂动作、肘部动作、头部动作、肩部动作、腰部动作、臀部动作、腿部动作、脚部动作等组成。中国式摔跤手部动作方法主要有撕、捅、撜、掖、拿、拉等；手臂动作方法主要有抈、掀、挣、挺、圈、支、夹、抱、抖、卷等；肘部动作主要有拐、掖、管、按、支等；头部动作有靠、仰、低、甩、抗、顶、翻等；肩部动作主要有抗、拱、背、扛等；腰部动作有长、拱、涮、弯、填、坐、换、直、撤、跟等；臀部动作有弹、撞、坐、排、翻等；腿部动作有扛、挑、别、缠、顶、抈、搂、勾、拦、撑、蹲、扬、切、管、刀、跪、崩等；脚部动作有踢、弹、撑、冲、管、勾、搂、刮、钻、挂、别、切、抓、蹬、退、撤、转等。

（二）技术训练的原理

技术训练的核心和重点是对运动员各种技术应用能力的培养。对于中国式摔跤运动来说，运动员技能训练的本质就是通过训练提升运动员在动态比赛中运用各项动作的身体反应能力。中国式摔跤运动员的技能主要包含两个方面：技术和能力。因此，对运动员进行运动技能训练也可以划分为两个主要方面：一是对运动员动作技术的合理性进行常规训练；二是对运动员在动态比赛条件下的身体反应能力进行重点训练，增强其比赛中动作的有效性。技术训练首先是教师示范与讲解，即指明应完成的技术动作，提出正确的技术要求。技术训练前应将学生按水平高低分成三类：初级、中级、高级。各类水平对应不同的训练阶段，依次为启蒙阶段、提高阶段、熟练阶段。每一阶段的训练目的、训练内容、训练方法都要有针对性。

（三）技术训练的方法

主要采用自我练习、条件实战、实战训练等方法。

1.自我练习

充分了解和熟练掌握动作要领后，学生要多采取原地反复练习来不断强化、巩固正确的动作。如面对镜子，边练习边检查，重点体会动作的运行路线、方向、角度、用力技巧与使用动作的合理时机，对动作的力量、速度暂时不作要求。练习中要及时发现并纠正错误，特别是防止使用动作前出现预兆，尽量提高动作的隐蔽性；逐步加大练习的强度和密度。通过这种反复练习，不断强化运动员的动作意识，并形成正确的动力定型。

2.条件实战

条件实战是提高中国式摔跤技能的必经之路，是指在一定条件限制下强化单个或组合动作的实际运用能力以及培养时机感、距离感、胆量、反应能力等专项素质进行的训练方法。这是为提高学生的综合能力而设置的一种常用训练手段。如为了解"揣"的技术使用时机,规定乙方不要用力猛顶,甲揪乙小袖,猛力一捅,乘机插肩、背步、躬身、崩腿、用力下拉,将乙摔倒在体前。在条件实战过程中,还可以有目的地根据运动员的身体条件和技、战术特长,培养、提高和巩固他们的优势技术,形成绝招等。它对提高各类技、战术动作的运用能力有着不可替代的作用,是实战训练的基础。

3.实战训练

实战训练是在严格按照中国式摔跤比赛规则的条件下进行的直接对抗的训练方法。初次进行实战训练的运动员大多都存在恐惧心理,精神紧张、怕摔、消极防守等,一旦稍处下风或对手进攻猛烈,就不知所措,一味消极防守。因此,在训练中应加强主动进攻的练习,不要出现单纯的防御形式。要敢于和强手对抗,当遇上比较强的对手时,不能让对手从精神上将自己打败,要充满必胜的信心和勇气,敢打敢拼,只有具备了良好的精神状态,才能使技、战术得到正常发挥乃至超常发挥。要注意观察对手的技术,学习对手的长处,磨练自己的意志品质,力争掌握战胜对手的技能。

三、中国式摔跤的对抗性训练

对抗性训练作为中国式摔跤的核心部分,具有至关重要的地位。它需要运动员具备全面的身体素质、高超的技巧、冷静的心理素质和灵活的战术意识。

首先,对抗性训练的基础是身体素质训练。力量、速度、耐力、柔韧性和协调性,这些都是摔跤运动员不可或缺的素质。通过力量训练,运动员可以增强自己的抓握力和抗衡力;速度训练则有助于他们在比赛中迅速做出反应;耐力训练使他们在长时间的比赛中保持稳定的竞技状态;柔韧性训练帮助他们更好地完成各种技术动作;而协调性训练则让他们的动作更加流畅、连贯。

其次，对抗性训练的核心是技术训练。摔跤技术包括抓、拉、掀、绊等多种动作，这些都需要在实战中不断磨炼和提升。通过反复练习和实战对抗，运动员可以熟练掌握各种技术动作，提高自己的攻防能力。同时，他们还需要学会观察对手，根据对手的动作和反应来调整自己的战术，做到知己知彼，百战不殆。

再次，心理素质训练也是对抗性训练中不可或缺的一部分。在激烈的比赛中，心理状态往往决定了胜负。因此，教练员需要通过各种方式来培养运动员的意志力和心理稳定性。例如，通过模拟比赛场景，让运动员逐渐适应比赛的紧张氛围；通过心理辅导和放松训练，帮助他们调节情绪，保持冷静的心态。

最后，战术训练同样重要。摔跤比赛不仅是身体素质和技术的较量，更是战术的博弈。教练员需要根据每个运动员的特点和技术水平，制订合适的战术方案。运动员则需要学会在比赛中灵活运用战术，根据对手的变化做出反应，把握比赛的主动权。

综上所述，中国式摔跤对抗性训练是一个全面而系统的体系。它不仅注重身体素质、技术、心理和战术等方面的训练，更强调这些方面的有机结合。通过科学、系统地训练，运动员可以全面提升自己的竞技水平，为取得优异的比赛成绩打下坚实的基础。

四、中国式摔跤的实战训练

中国式摔跤是一项集技巧、力量、智慧于一体的对抗性运动。在实战训练中，运动员需要掌握丰富的技巧和策略，培养敏锐的攻防意识，以提高比赛水平。实战训练是在严格遵守中国式摔跤比赛规则的条件下进行的直接对抗的训练方法。在训练中根据双方的具体情况，正确地分配自己的体力、力量，充分合理发挥自己的特长，限制对手特长，为了战胜对手采取合理有效的策略行动。

（一）中国式摔跤实战训练技巧

在训练的过程中面对众多的技术以及极其复杂的动作要领，犯错误是正常的。但是，错误和正确相对立。只有通过改正错误才能掌握正确的技术动作。因此，在平时的训练中，教练员一旦发现运动员的动作存在错误要及时地纠正，绝不能置之不理。

根据中国式摔跤运动的客观规律以及运动员大量的训练实践，除了在非正常的战术情况下，运动员的每一个动作或是每一系列的动作中都蕴含着机会，而不是要等到自己熟悉的姿势或是机会出现后才能发起有效的攻击。

（二）中国式摔跤实战训练策略

（1）了解对手：在比赛前，通过观察对手的动作、风格，了解其弱点，制定针对性的策略。

（2）变化节奏：在实战中，运动员应不断变换进攻和防守的节奏，以扰乱对手的判断。

（3）发挥自身优势：充分利用自己的身体素质、技术特点，发挥出最大的竞技水平。

在中国式摔跤实战训练中，运动员要重视技巧、策略与攻防意识的培养。通过系统的基本功、动作和配合训练，不断提高自己的技术水平。同时，在实战中积累经验，学会调整心态，形成自己的比赛风格。只有这样，才能在激烈的比赛中脱颖而出。

第四节 舞龙舞狮训练

一、舞龙舞狮的基本功训练

（一）舞龙的基本功训练

1.基本功训练内容

（1）基本握法

舞龙的基本握法包括正常位、滑把、换把。其中正常位要求双手握把，一侧手臂微屈，并握于把位末端，高度与胸齐平，另一侧手臂伸直，手握于把的上端。滑把要求一只手握把不动，另一手在把上滑动以调整动作和形态。换把要求在滑把动作的基础上，当滑动手接近固定手的位置时，双手交换握位。

（2）基本步型

舞龙的基本步型包括正步、小八字步、大八字步、丁字步、虚丁步、虚步、弓箭步、横弓步。其中正步要求两脚靠拢，脚尖向前。小八字步要求脚尖分开，脚跟并拢，对左、右前角。大八字步与小八字步动作一致，区别仅仅是两脚跟分开，保持一脚半的距离。丁字步要求用一只脚的脚跟靠在另一只脚的足弓处，双脚脚尖对左、右前角。虚丁步要求先以丁字步站立，一脚顺脚尖方向伸出，绷脚点地，大腿外旋。虚步要求两脚前后开立，一腿屈膝，半蹲状，然后脚外展45°。另一腿微微屈膝，脚稍微内扣，脚跟离地，虚点地面，目视前方。弓箭步要求一脚向前迈出，屈膝，脚尖朝前，另一腿伸直，脚尖稍内扣。横弓步要求在弓箭步的基础上，上身左（或右）转与左（或右）脚尖同一方向。

（3）基本步法

舞龙的基本步法包括圆场步、矮步、单碾步、双碾步。其中圆场步要求沿圆线行进，左脚上前一小步，使脚跟正好在右脚的脚尖前，然后脚跟先着地，脚掌后着地，同时右脚跟提起按照左脚的步法迈出步子，迈步的动作保持在一条直线上。矮步主要靠两腿保持半屈状进行走步而实现。走步时，先勾脚尖，紧接着迅速以脚跟到脚尖滚动向前行进，且保持连续不断。矮步的步幅较小，一般与自身的脚长相近即可。弧形步要求双膝微屈，然后以比肩宽的步幅连续、迅速向前行进。走出的路线呈弧形，因此称为弧形步。单碾步需要预备势脚站小八字步，手握把位上举姿势，右脚以脚掌为轴，脚跟微提起，左脚以脚跟为轴，脚掌微提起，两脚同时碾动，由正小八字步碾动成反小八字步，然后同样的方法碾动成正小八字步，反复练习。双碾步要求预备势站正步，以双跟为轴，双脚尖同时一个方向碾动，然后再以双脚尖为轴，双脚跟同时向相反方向碾动，反复练习。

2.基本功训练原理

（1）基本握法的训练原理：正常把位时左手在下，右手在上，滑把时多以左手固定，右手滑动，换把时要快、稳且动作丝滑，与龙体运行的节拍完美契合。

（2）基本步型的训练原理：保持上身直立，步型准确。

（3）基本步法的训练原理：上身保持正直、挺胸、塌腰，核心稳定，双脚须同时碾动。

3.基本功训练的注意事项

（1）握法的注意事项：基本把位时保持把杆在胸前一拳的距离，同时保持挺胸、塌腰，在换把和滑把时要注意连贯性，与龙体运行的节拍完美契合。

（2）基本步型的注意事项：挺胸，目视前方。在做虚步动作时，要做到虚实分明。箭步时前腿弓，后腿绷，且双脚在一条直线上。

（3）基本步法的注意事项：走步时眼睛要注视龙体，碾动时动作要流畅、连贯、平稳，不要有起伏状。

（二）舞狮的基本功训练

舞狮分为南狮和北狮，这里主要分析南狮基本功训练。

1.基本功训练内容

（1）狮头基本握法

狮头基本握法包括单阴手、单阳手、双阴手、双阳手、开口式、合口式。其中单阴手的握法为以大拇指托狮舌，其余四指在狮舌上方，手背朝上。握狮舌中间或一侧部位，另一手握在根耳的引动绳，两手小臂托顶着两条横木。单阳手的握法与单阴手相反，其余与单阴手相同。双阴手握法与单阴手相同，但两手握于狮舌两侧头角处部位。双阳手握法与双阴手相反，握的部位相同。开口式多用于舞高架、下架舞狮时，根据狮神态意识的需要，确定张开口的大小角度及狮舌动的程度。合口式一般用于舞高架狮时合上或狮神意或喜、擦、提等动作需要时。

（2）狮尾基本握法

狮尾基本握法包括单手握法、双手握法、摆尾。其中单手握法要求一手大拇指插入舞狮头者腰侧的腰带，部位成虎口握腰带，令四指轻抓舞狮头者的腰带和部位，另一手可做开摆尾、摆背等动作。双手握法要求双手同时用单手握法与狮头配合，做各种动作时则必须用力紧握。摆尾要求随狮意、动态，可用手摆动或用臀部挪动。

（3）基本步法

基本步法包括行礼步、两移步、大四平步、弓步、开合步、跪步、虚步、插步、金鸡独立步等。其中行礼步要求从基本站立姿势开始，以左行礼步为例，两脚用力蹬地，向上跃起，在中线落地，重心在右脚，呈左虚步。右虚步与左虚步相同，方向相反。两移步从基本站立姿势开始，上体不动，左右脚交替前移约一脚掌。大四平步要求两脚左右开立宽于肩，两腿弯曲，两大腿呈水平，上体正直，收腹挺胸。弓步要求右腿大小腿弯曲，大腿呈水平，上体正对前方，呈前弓后绷型。开合步要求从基本站立姿势开始，两脚蹬地，两腿向左右分开宽于肩；两脚蹬地，两腿并拢，完成动作的过程时，上体保持基本姿势。跪步从基本站立姿势开始，左腿弯曲约90°，右腿弯曲小于90°，右膝关节和右脚趾着地，上体稍前倾，重心在右脚。右与左动作相同，方向相反。虚步要求左腿弯曲，重心在左腿，右脚大小腿微屈，脚尖前点，左与右动作相同，方向相反。插步从基本站立姿势开始，重心移至左脚，右脚提起，从左脚的左后方下插，左右腿成交叉，右插步与左插步动作相同，方向相反。金鸡独立步要求右腿提起，大腿成水平，大小腿弯曲小于90°，脚尖绷直，上体稍前倾，左与右动作相同，方向相反。

2.基本功训练原理

（1）狮头基本握法训练原理：狮头基本握法多样，狮子神态除通过身法、步法的表达之外，主要依靠眼型的变化。狮子眼睛的睁与闭，以及眨眼所表现的眼法，都是通过主握横木的右手手指拉动连接狮子眼睑的绳子杠杆装置实现的。

（2）狮尾基本握法训练原理：腰带的抓握是狮尾握法及动作完成的前提和基础。

（3）基本步法训练原理：上身保持正直，核心稳定，保证动作规范、协调，力度与节奏把握得当。

3.基本功训练的注意事项

（1）狮头基本握法训练的注意事项：保持握法稳定的同时，要具备一定的力量和柔韧性，从而在表演中完成各种高难度的动作。

（2）狮尾基本握法训练的注意事项：狮尾的握法要配合狮头，有上腿上头动作时摇一下腰带，狮头得到信号就会往上跳，然后狮尾把狮头往回拉，把狮头放在腿上或者头上。

（3）基本步法训练的注意事项：注意身体各部位的协调配合，做到手、脚、眼神、身体协调一致。

二、舞龙舞狮的技术训练

舞龙舞狮运动属于传统运动中时间最悠久、流行最广泛的民族运动项目之一。在千百年的传承过程中，其技能不断丰富、成熟。发展到今天，舞龙舞狮运动技术有了全面的发展。另外，由于龙狮都是多人参与的集体项目，因此在训练中要兼顾不同的训练内容，采用不同的训练手段和方法。下面具体分析舞龙舞狮的技术训练内容、训练要求。

（一）技术训练内容

舞龙舞狮运动技术训练主要包括基本技术训练、组合技术训练、套路技术训练和表现意识训练四个方面的内容。

1.龙狮基本技术的训练

舞龙舞狮运动的基本技术是组成舞龙舞狮运动的根本要素，无论是哪种流派的舞龙舞狮运动，无论简单或者复杂，都有不可缺少的典型动作，它们是组成龙狮套路的基本要素，是龙狮套路的基础，也是舞龙舞狮运动训练中必须长期、系统进行训练、精进的重要内容。

由于舞龙舞狮运动是集体性表现难美类项目，其基本技术训练较其他体育项目的技术训练要复杂一些。龙狮基本技术需要反复练习，因为基础技术是未来发展龙狮高水平技能的前提，舞龙舞狮运动基本技术训练的核心目标主要体现在以下三点。

（1）以提高动作质量为目的的规格训练

运动员技术动作的质量决定了舞龙舞狮运动的水平，因此每一个运动员都必须掌握过硬的技术动作。技术动作的规格在舞龙舞狮比赛评分中占较大比重，由此可见其在整体项目中的重要地位。

（2）以加强队员协作为目的的配合训练

对于所有的集体性项目而言，队员之间的默契配合具有至关重要的作用。蕴含浓厚传统文化内涵的舞龙舞狮运动对集体配合和动作质量同样具有较高的要求。如果队员之间缺乏足够的熟悉度、信任度以及默契，那么有许多精美绝伦的高难度动作将无法实现。因此，运动员的集体配合能力是技术训练的另一重点内容。

（3）以突出创新难度为目的的强化训练

随着舞龙舞狮运动的迅速发展，各种级别和规模的龙狮比赛越来越丰富，大众对舞龙舞狮表演的期待也在不断提升。因此，对舞龙舞狮运动技术的创新提出了更高的要求。在技术训练中，为了能够在众多高水平运动队中位居前列，必须从提高难度以及加强创新的角度入手，在现有的基础上再上一层楼，不断在技术环节增加创新点，从而在竞争中脱颖而出。

2. 龙狮组合技术的训练

龙狮组合技术是指以龙狮的基本动作为基础，按照技术结构和艺术表现的需要，设计连接成更为复杂和高难的复合性动作组合。经典的舞龙舞狮运动情节较为精练，但是通过动作组合与不断创新，现代舞龙舞狮运动更加恢宏、雄壮，内容也丰富了不少。龙的舞动、奔腾，狮的跳跃、戏耍，这些最精彩的环节都需要在技术训练中以更加精妙的技术组合来实现。

（1）纠正错误技术动作

一方面，在进行动作组合时，原来的基本动作需要衔接和连贯起来，因此为了达到更为流畅的效果，有时需要对一些动作细节进行调整和纠正，从而进一步提升动作的表现力。另一方面，在教学训练中运动员有些难以发现的错误动作，通常组合技术训练能加以纠正。

（2）技术的改进与提高

在技术改进方面，组合技术训练是提高舞龙舞狮运动水平的关键。只有技术的不断改进和提升，才能促进舞龙舞狮运动不断发展，才能在激烈的比赛中获得更多的优势。由于竞技龙狮套路在运动强度、技术难度上的要求越来越高，因此在组合动作的训练中也要配合大量的体能训练，使运动员具有充沛的体力，顺利完成高质量的衔接动作，在表演和比赛中能稳定发挥，呈现出精彩的龙狮表演。

3. 龙狮套路技术的训练

套路技术水平是衡量龙狮队伍整体水平的重要指标，也是技术训练的重点内容。龙狮套路技术训练也是对单个动作、组合动作的检验，只有单个动作、组合动作都达到技术规格的要求，且一丝不苟、气势贯通、韵律生动，将最高的水平呈现出来，才能体现出舞龙舞狮运动套路的精、气、神和韵，才能将传统文化的精髓在一舞一动中尽情展现出来。

4.龙狮表现意识训练

龙狮表现意识的训练是在技术训练的基础上对运动员提出的更高的训练要求。舞龙舞狮运动以中国传统文化中具有特殊意义的龙和狮为表演元素，在龙狮表演中不仅要展现龙狮动作的准确性、美观性，无论是奔跑跳跃，还是顽皮嬉闹，动作都要饱满有力，栩栩如生，而且还要将龙狮的威武、雄壮的精气神表现出来，这就对运动员的表现力提出了更高的要求。因此要加强表现意识训练，具体通过表现力训练、形体训练和乐感训练等来实现。

（1）表现力训练

在练习表现力之前，首先要学习舞龙舞狮运动的文化起源，理解民间对龙狮的情感寄托，以及龙狮在民俗文化传承中的独有作用和精神内涵。运动员对龙文化和狮文化理解之后，通过自身的肢体运动，将龙狮动作的内涵充分展示出来，从而形成舞龙舞狮运动独特的艺术表现风格。

因此，加强舞龙舞狮运动员表现力的训练，不仅可以使舞龙舞狮运动的技术动作更加饱满，而且也可以提高运动员的文化修养，培养运动员的综合素质。

（2）形体训练

舞龙舞狮运动属于难美类运动项目，因此，不仅对整体的表演风格和水平有审美方面的考核，而且运动员的形体、仪态也会对表演的效果具有一定的影响。因此，在日常训练中，应提醒运动员有意识地进行形体训练，在每个动作的完成中也要注意塑造自身的良好气质形象，以及队员之间也具有某种一致的美感。选择科学合理的形体训练方法和手段，与龙狮技术训练相结合，能够达到较好的训练效果。

（3）乐感训练

在舞龙舞狮运动中，音乐与节奏感是其不可分割的部分，因此运动员必须要具备较好的乐感，使动作更有韵律、更有节奏，从而提升表演的审美价值。在对舞龙舞狮运动员进行乐感训练时，主要是提升运动员对动作节奏、力度和速度的把握能力，使饱满的情感通过龙狮动作和美妙音乐的巧妙结合得到淋漓尽致的表现。

（二）技术训练要求

1.基本技术训练的要求

（1）做到全面、准确、熟练

基本技术动作的训练是舞龙舞狮运动训练的根基，往往也是运动员投入最多时间和精力的地方。因为只有先打好基本功，才能保证接下来的训练更加顺利、更为有效。并且，基本技术是贯穿舞龙舞狮运动的基本组成元素，没有基本技术，龙狮训练将成为无源之水、无本之木。

因此，基本训练一定要做到全面、准确和熟练，抓好基本技术训练，不仅能促进龙狮技术的规范化发展，而且也是提高龙狮套路质量的必经之路。另外，就其重要性而言，基本技术训练应该贯穿舞龙舞狮运动训练的全过程，只有这样才能保证运动员的基本技术足够扎实，保证他们的运动生涯长久、稳健。

（2）加强集体的配合训练

基本技术训练的另一个要求，就是强调队员之间的配合训练。舞龙舞狮运动是集体运动项目，也就是说每个运动员的个人技术需要在集体配合中体现，只有高超的个人技术还不够，必须能够和队员共同协作，在集体的完美配合下，才能真正呈现出舞龙舞狮运动的独特艺术魅力。

（3）要与套路训练紧密结合

舞龙舞狮运动的基本技术训练并非单独存在，而是嵌套在套路之中使其价值得以体现。基本技术功底扎实的运动员，其对套路技术的掌握也一定不会差。在基本技术训练过程中，一定要做到基本技术与套路技术训练紧密结合。

2.组合技术训练的基本要求

（1）形神合一

组合技术训练强调的是技术要完整和连贯，不能有断裂感，每个动作与动作之间的连接应该是丝滑顺畅的，并且具有一定的韵律节奏，这样整体的效果才更加生动，更具美感。组合训练中很多时候都要重复很多组技术，并且间歇时间短，那么要做到对每一个组合中每个动作的准确表达，并且形神合一，则需要大量的训练才能实现。

（2）重视难度组合的训练

难度组合是舞龙舞狮运动技术组合中动作最复杂的部分，其难点在于不仅技能很难，而且对运动员的体能素质也有较高的要求，因此，运动员必须综合素质水平俱佳才能进行难度组合训练，当然，这其实也是对每一位舞龙舞狮运动员的要求。难度组合仅是舞龙舞狮运动套路中的一小部分，却起到画龙点睛、推进高潮的关键作用。如果仅是基础技术十分过硬，没有难度组合的表演，那么难以出众，更难以获得优秀的比赛成绩。难度组合训练着重要求动作连贯紧凑，动作与动作之间的衔接要流畅，以及难度组合动作造型稳定等。

3.套路技术训练的基本要求

（1）套路内容的选择和编排

在舞龙舞狮运动套路训练中，首要任务是对套路内容进行严格的选择。比如综合考虑队员的身体形态、心理素质和运动素质等，结合这些自身特色，以及比赛的要求，选择最能展现队员优势的套路内容进行训练，让龙狮队员的风格特点在套路中充分发挥。

（2）重视专项耐力训练

舞龙舞狮运动的运动强度较大，持续时间较长，因此，对运动员的耐力具有很高的要求。如果运动员的耐力不够，即使技术再好，那么随着比赛或者演出的进行，后面也会因为体能消耗大而导致动作变形或者动作不到位，使整体表现力下降。因此在套路技术训练中还要加强耐力尤其是专项耐力的训练。

4.表现意识训练的基本要求

运动员表现意识的训练，一般要遵循以下要求。

(1) 培养运动员的传统文化素养

舞龙舞狮运动是民族传统体育运动的代表项目，凝聚着华夏子孙强烈的民族情感。只有当运动员具有较好的传统文化基础，才能够深刻体会舞龙舞狮运动的精髓，才能在意识甚至是无意识层面将传统文化精神融入肢体动作和身体形态中，这是表现意识训练的基本要求。

(2) 体现龙狮的磅礴之气

龙和狮在中国传统文化中都是最为雄壮的动物，它们的存在本身就象征着威严、庄重，是一种精神和信念的象征。因此，在对运动员进行表现意识训练时，要将这些精神内化到自身，并转化为身体语言，通过每一个动作将其表现出来，运动员要充满激情，形神兼备，这也是龙狮项目表现力的最核心的内容，充分地将龙狮的磅礴气势表现出来是运动员表现力训练的重点，也是舞龙舞狮表演最精彩的部分。

三、舞龙舞狮的创编训练

舞龙舞狮运动的创编是指内容和形式上的创新与编排。这是现代舞龙舞狮运动发展的重要环节，只有不断地创新，结合现代社会的发展需要，以及吸纳当前社会文化思潮的先进部分，才能为传统的舞龙舞狮运动赋予新的内涵和发展动力。因此，内容和形式都非常重要。

(一) 舞龙舞狮运动的内容创编

1. 舞龙舞狮运动的动作内容创编

对舞龙舞狮运动动作内容的创编可以借鉴其他竞技体育中的动作形式，以增加舞龙舞狮运动的动作难度，使其更具有观赏性和竞技性。或者也可以借鉴具有典型动物特征的某些动作形式，比如通过观察狮子最喜欢做的动作，增加舞龙舞狮运动的趣味性等。

2.舞龙舞狮运动的情节内容创编

舞龙舞狮运动是以"龙"或者"狮"为主要角色而设计的传统文化体育项目。在进行内容创编时，可以从设计更加丰富的情节入手。比如传统的舞龙运动是"龙"跟着绣球做扭动、仰头、摇头等一系列的动作。再比如舞狮最经典的内容是两只"狮子"争夺一只绣球。因此，在进行龙狮创编时可以设计更多的情节，特别是设计一些新的情节来丰富舞龙舞狮运动的内容。

（二）舞龙舞狮运动的形式创编

1.尊重传统文化形式

舞龙舞狮运动的形式本身就具有鲜明的文化内涵。因此，在对舞龙舞狮运动进行形式创编时，要结合艺术、体育、历史与文化等多方面的元素，因此是一项高难度的、具有极大挑战的工作。对舞龙舞狮运动的形式创编不能改变其原有的文化特色，比如，无论怎样创新，其中龙的威严、狮的威武这些最基本的舞龙舞狮运动的特色是不能改变的。试想如果仅仅追求运动技术的创新，编排一些不符合龙狮文化气质的动作，那么不仅不可能成功，而且还损坏了这项运动最根本的精神气质。

2.挖掘民族特色元素

舞龙舞狮运动在我国具有悠久的历史，能够传承至今并拥有广泛的受众，与其具有深厚、丰富的传统文化元素不无关系。我国是统一的多民族国家，每一个少数民族都有其特有的习俗和传统。舞龙舞狮运动之所以能够在我国大江南北各个地区流传、被众多民族所传承，就是因为其中蕴含着诸多不同民族文化的元素。

在当前我国致力于实现中华民族伟大复兴的历史背景下，努力挖掘各个民族的文化特色，并有机融入舞龙舞狮运动的创编之中，既能为舞龙舞狮运动增添新的元素，又能丰富其文化属性，更加深入和广泛地弘扬和传承我国少数民族的文化习俗，因此而具有多重的意义。

四、舞龙舞狮的计算机辅助训练

近年来,随着科技的不断发展,舞龙舞狮运动逐渐与计算机技术相结合,形成了独具特色的舞龙舞狮计算机辅助训练系统。舞龙舞狮计算机辅助训练系统是一个集数据采集、处理、训练和辅助于一体的综合性平台。它充分利用现代计算机技术,为舞龙舞狮运动员和教练员提供了一种高效、科学的训练手段,有助于推动舞龙舞狮运动的传承与发展。

舞龙舞狮计算机辅助训练系统主要分为两个部分:一是数据采集与处理,二是训练与辅助。

数据采集与处理部分通过高科技手段,如三维扫描、动作捕捉等,对舞龙舞狮的运动数据进行采集,然后对采集到的数据进行处理,提取出关键动作和运动规律。这部分的工作目的是建立一个完整的舞龙舞狮运动数据库,为训练和辅助提供数据支持。

训练与辅助部分是计算机辅助训练系统的核心功能。它主要包括两个方面:一是针对舞龙舞狮运动员的训练分析,二是对舞龙舞狮教练员的辅助支持。针对运动员的训练,系统可以通过分析数据库中的优秀运动员动作数据,为运动员提供标准动作示范和实时动作比对,帮助他们纠正动作偏差,提高训练效果。同时,系统还可以根据运动员的训练进度和身体状况,制订个性化的训练计划,确保训练的科学性和合理性。对于教练员来说,舞龙舞狮计算机辅助训练系统可以提供丰富的教学资源和数据分析工具。教练员可以通过系统分析运动员的动作数据,了解他们的技能水平和身体状况,从而调整训练计划和教学方法。此外,系统还可以实现远程教学,使教练员和运动员之间的沟通更加便捷,提高教学效果。

舞龙舞狮计算机辅助训练系统的应用,不仅提高了传统舞龙舞狮运动的训练效果,还推动了传统文化的传承与创新。通过科技与传统文化的结合,我们相信,舞龙舞狮运动将在未来焕发出更加璀璨的光彩。同时,这也为其他传统体育项目的现代化改革提供了有益的借鉴和启示。

第五节　部分少数民族传统体育训练

一、射弩训练

射弩是一项具有悠久历史和文化底蕴的传统体育运动，起源于我国古代的狩猎活动。弩是一种利用机械原理发射箭矢的古代兵器。它由弩臂、弩弓、弓弦和弩机等组成。弩机是弩的核心部分，包括弩牙、弩机、弓弦和扳机等。发射时，射手通过扳机带动弩牙，使弩弓张开，然后将箭矢置于弩弓上，瞄准目标后，扣动扳机，箭矢便被发射出去。射弩不仅可以锻炼人们的身体素质，提高反应速度和注意力，还能培养人们勇敢、机智、果断的品质。为了更好地传承和弘扬这一民族体育项目，下面对射弩的基本技术进行详细分析。

（一）基本技术

射弩的基本技术包括基本姿势和基本技巧。基本技术包括：站立姿势、握弩姿势、瞄准姿势。其中站立姿势要求双脚分开与肩同宽，身体正直，双目平视前方。握弩姿势要求左手握住弩臂，右手握住弩弓，双手自然分开。瞄准姿势要求将弩对准目标，调整呼吸，保持稳定。基本技巧包括：拉弓、搭箭、瞄准、发射。拉弓要求右手握住弓把，左手握住弓背，双手协作拉弓。拉弓时要保持臂力均衡，避免一侧用力过猛导致弩弓失衡。搭箭要求将箭矢放在弩弓上，注意箭矢与弓弦的平行。瞄准要求通过弩上的准心，对准目标。要保持呼吸稳定，避免手抖影响瞄准精度。发射要求在保持瞄准的同时，用力扣动弩机，释放箭矢。发射时要注意力量和速度的协调，避免过猛或过轻。

（二）训练方法

1.拉弦、置箭技术训练

拉弦、置箭技术训练包括坐矮凳（椅）上做拉弦练习和身体半蹲做拉弦动作练习。坐矮凳（椅）上做拉弦练习主要体会双腿蹬踩弓片的部位和双手握弦部位均匀用力拉弦的动作。身体半蹲做拉弦动作练习主要体会无凳时的手脚配合。

2.持弩与瞄准技术训练

持弩与瞄准技术训练包括立姿持弩姿势练习和跪姿持弩姿势练习。立姿持弩姿势练习主要体会下肢站立的姿势与手臂握弩的动作。跪姿持弩姿势练习主要体会下肢的站位姿势与手臂持弩的动作。

3.发射技术训练

发射技术训练包括利用依托物进行不瞄准的击发练习和利用依托物进行瞄准、击发练习。利用依托物进行不瞄准的击发练习主要体会食指扣动扳机的程序与动作。利用依托物进行的瞄准、击发练习主要体会屏住呼吸瞄准，然后手指扣动扳机的动作。

在射弩技术训练中可以采用靶子训练法，提高射手的射击准确性和稳定性。可以从近距离开始，逐渐增加距离，提高难度。心理素质训练同样比较重要，应将心理训练和技术训练结合起来。射击运动对心理素质要求较高，射手需要学会在紧张环境下保持冷静，调整心态，增强自信心。

二、高脚竞速训练

（一）基本技术

高脚竞速这个项目属于一个新兴的竞赛项目，技术动作尚不规范，在少数民族运动会赛场上，运动员会使用各种风格的技术，就运动成绩而言有着很大的差距。高脚竞速的运动技术学习与掌握是以运动技能的形成规律和人的认识规律为依据的。

高脚竞速技术主要包括：上、下马，走马，跑马，交接马。

上马要求两脚开立，将高脚杆立于体前，两杆左右距离比肩稍窄，两手虎口朝上，拇指分开，其余四指并拢，两手紧握高脚杆上端。然后提左（右）脚踏入踏蹬，紧接着右（左）脚快速蹬离地面，踏上踏蹬，上马后双手紧握高脚杆，身体保持平衡并稍前倾。下马时仍握紧高脚杆上端，两脚依次下踏蹬，两腿撑地后身体保持平衡。

走马是指运动员上高脚竞速行走的方法，它是高脚竞速运动最基本的技术之一。双手紧握高脚杆上端，不能使脚杆产生旋转或晃动，保持身体平衡直立或稍前倾，两眼向前平视，双腿轮换抬起前迈和支撑，双臂配合上提、下放，同侧腿的上抬和臂的提拉协调一致。在练习大步走时，要注意摆动腿尽量向前上方高抬，小腿自然前伸，支撑腿用力向后下方蹬直，加大步幅，上体不要左右摆动。

跑马是指运动员高脚竞速快速奔跑（竞速）的方法。完整的高脚竞速技术可分为起跑、起跑后的加速跑、途中跑和终点冲刺4个部分。起跑的目的在于使身体迅速摆脱静止状态，要求在最短时间内达到最快速度。起跑后的加速跑是指向前迈出的高脚杆着地，到进入途中跑前这一段距离。其任务是在较短时间内尽快发挥较快速度，迅速转入途中跑。起跑后向前迈出的第一步不宜过大，否则会造成身体重心靠后，不利于第二步的前迈。加速时两腿交替用力后蹬和前摆，同时两臂协同配合用力向前上提拉，两支高脚杆的落地点由与肩同宽至逐渐合拢在一条直线上。逐步加快步频，加大步长，当加速到较高速度时即转入途中跑。途中跑是高脚竞速全程跑中距离最长、跑速最快的一段。其任务是发挥并保持高速度跑。途中跑技术包括两腿、两臂动作和身体的姿势。因为高脚竞速中抬腿后蹬动作和同侧臂的提拉下压动作是一致的，所以一定要注意腿、臂的协调配合。摆动腿尽量高抬，同时同侧臂尽量上提高脚杆，支撑腿要用力后蹬，尽量减少高脚杆与地面的夹角，缩短腾空时间，减小身体的上下起伏，同侧臂要配合用力后蹬、下压。跑时要注意两手抓紧高脚杆，防止脚杆的旋转晃动，保持身体稳定。上体要正直或稍前倾，不要弓背、不要低头，眼睛要向前平视。跑弯道时，由于身体在离地40厘米的踏蹬上，重心较高、离心力较大，所以要控制好高脚杆和身体向内倾斜的度，以获得合适的向心力和稳定的跑动速度。终点冲刺是指全程跑最后20米左右的一段距离。它的任务是保持途中跑的正确技术，发挥全部力量，以最快速度冲过终点。终点跑的技术与途中跑基本相同，但由于体力关系，快到终点的这段距离一般都会减速，要想尽力保持途中跑的速度，必须加强两腿抬腿蹬地和两臂的提拉下压力量，并适当加大身体的前倾，并保持最快速度跑过终点线。过线后缓冲跑速，以防跌倒。

交接马是指两名运动员在接力区完成高脚马交接的技术。接马运动员两手臂自然向侧后伸出，手臂与躯干成40°~45°，掌心向后，拇指与其他四指自然张开，虎口朝下，交马运动员在接力区内下马之后，双手沿高脚马主杆下滑约40厘米，将高脚马由下向前上方送入接马运动员手中，完成高脚马交接。

（二）训练方法

1.上下马训练

上下马训练需要一人在前持高脚杆中上部，一人做上高脚竞速练习。一人在后扶上马者的髋部，帮助练习者完成上马、下马动作。练习者也可利用墙壁练习上、下马。练习者持高脚杆，背靠墙壁站立，然后两脚依次踏上踏蹬、站稳后，将高脚杆下端逐渐向后移动，使身体重心落在高脚杆上，减少靠墙力量。或者身体重心前移，使后背离开墙壁能平稳站立后下马。站在与高脚竞速踏蹬同高的台阶或凳子上，做上下马练习。

2.走马技术训练

走马训练方法包括原地徒手做模仿走马动作练习；双手持高脚杆，行进间做不上踏蹬的模仿走马动作练习；靠墙上高脚做原地踏步练习；离墙做原地上高脚踏步练习；有人在前或者在后帮助下，做高脚走马练习；大步走马练习；后退走马练习；侧向走马练习；交叉步走马练习；上、下坡走马练习；台阶走马练习。

3.跑马训练

跑马训练包括原地小步跑马练习；行进间向前、向后小步跑马练习；原地单脚跳马练习；行进间单脚跳马练习；原地双脚跳马练习；行进间双脚蛙跳马练习；行进间垫步跑马练习；原地高抬腿跑马练习；行进间高抬腿跑马练习；后蹬跑马练习；上、下坡跑马练习；台阶跳马练习；同台阶跑马练习；弯道跑马练习；绕"8"字跑马练习；在跑道上进行30~100米加速跑练习；在跑道上进行200~400米快速跑练习；在跑道上进行800米以上的耐力跑练习。

三、陀螺训练

（一）基本技术

陀螺作为一种传统的娱乐运动工具，在我国有着悠久的历史。它不仅能够锻炼身体，提高协调能力，还能培养耐心和毅力。

陀螺的基本技术包括抛掷法、绳拉法、撞击法、障碍物挑战。抛掷法是将陀螺放在手掌上，利用手腕的力量将陀螺抛出。抛掷时，注意陀螺的旋转方向，以便于后续接住。绳拉法是指用绳子系住陀螺，一人握住绳子另一端，用力拉动陀螺，使其旋转。可以多人参与，比谁拉的陀螺旋转时间更长。撞击法需要两人各持一个陀螺，相互撞击，看谁的陀螺坚持时间更长。撞击时，注意力度和角度，避免陀螺损坏。障碍物挑战需要在一定范围内，设置障碍物，玩家需在不触碰障碍物的情况下，使陀螺旋转一段时间。挑战成功后，可逐渐增加难度，提高玩家的技巧。

（二）训练方法

传统体育项目中，陀螺作为一项技巧性运动，其训练方法通常包括以下几个方面。

基础技巧练习：初学者需要通过练习基本的旋转技巧来建立技术基础。这包括练习将陀螺放置在地面上并用线或绳子进行拉扯，以促使其旋转。逐渐增加陀螺旋转的时间和速度。

平衡训练：陀螺在旋转时需要保持平衡。训练者可以通过在不同表面上旋转陀螺，如手掌、头顶等，以提高平衡能力。

力量和耐力训练：陀螺的旋转需要一定的力量和耐力支撑。训练者可以通过手部和手腕的力量训练来增强旋转的控制力，并通过持续练习来提高耐力。

技巧练习：学习和练习各种陀螺技巧，如翻转、倒立、变换旋转轴等。这需要不断地尝试和练习，逐步提高技术水平。

比赛模拟训练：对于准备参加陀螺比赛的选手，可以进行比赛模拟训练，包括模拟比赛场地和条件，以及应对比赛中可能遇到的各种情况和压力。

观察和分析：观察其他陀螺选手的表现，并进行分析和反思，从中学习经验和技巧。

四、毽球训练

毽球是一项古老的传统体育项目，具有悠久的历史和丰富的文化内涵。它不仅是一种娱乐活动，也是一种锻炼身体、提高协调性和反应能力的有效手段。

（一）基本技术

1.基本技巧

毽球的基本技术包括站立姿势、观察对手、灵活接毽、快速移动。站立姿势要求双脚分开与肩同宽，身体微微前倾，双脚掌紧贴地面，这样可以保证身体的稳定性。观察对手要求在毽球比赛中，通过观察判断对方即将发出的毽子方向，从而迅速做出反应。灵活接毽需要用脚尖或脚跟轻巧地踢起毽子，使毽子向上飞起，以便于下一步的传递或进攻。

快速移动需要身体在毽子飞起的瞬间，利用脚掌的力量迅速移动身体，避开对方的进攻，同时寻找进攻机会。

2.移动技巧

移动技巧包括侧身滑步、转身击毽、跨步跃起、曲线进攻。在快速移动的基础上，通过侧身滑步，可以更好地躲避对方的进攻，同时迅速接近对方球门。转身击毽需要在毽子飞向自己身后时，迅速转身，用脚背将毽子击向对方球门。跨步跃起是在毽子飞向自己一侧时，大跨步向前，同时身体跃起，用脚尖将毽子踢向对方球门。曲线进攻是利用对方防守漏洞，通过曲线移动，寻找最佳进攻路线，出其不意地进攻对方球门。

3.发球技术

发球技术包括准备姿势、视线引导、准确击球、力度控制、发球角度、连续发球。

准备姿势需要站在球场中央，双脚分开与肩同宽，双手自然放在身体两侧。保持身体放松，目视前方，准备迎接对方来球。视线引导需要在对方发出毽球时，注意观察对方毽球的运动轨迹，迅速判断毽球落点，提前做好接球准备。准确击球则是在毽球即将落至胸口高度时，用脚尖或脚掌击球，击球部位要准确，力量要适中，保证毽球稳定地向上飞行。发球力度要适中，过轻的力度会使毽球飞不高，过重的力度会使毽球飞得太快，失去控制。在练习过程中，逐渐摸索适合自己的力度。发球时，毽球飞行轨迹与地面的夹角应在45°左右。过大或过小的角度都会影响毽球的飞行距离和稳定性。连续发球需要在第一次发球后，迅速调整身体姿势，准备第二次击球。连续发球时，注意击球力度和节奏，保持毽球的稳定性。

4.触球技术

触球技术包括腿触球（图4-5）、腹触球（图4-6）、胸触球（图4-7）、肩触球（图4-8）、头触球（图4-9）。腿触球需要右脚支撑，左腿屈膝，大腿带动小腿上摆，当球下落到略低于髋部时，用大腿的前半部分（靠膝部）触球。腹触球需要对准来球，屈膝略向后蹲，稍含胸收腹，当腹部触球的一刹那稍挺腹，如来球过猛，也可以挺腹，使球轻轻弹出。胸触球需要两脚自然开立，当球传到胸前约10厘米时，两臂自然微屈，两肩稍用力向后拉，挺胸，同时两脚蹬地，身体挺起，用胸部触球。肩触球需要两脚自然开立对准来球，当球传到肩前约10厘米处时，肩稍后拉前摆，用肩部击球。头触球需要两脚自然开立，当球传到头前约10厘米时，两脚蹬地，同时颈部稍紧张向前摆头，用前额触球。

图4-5　腿触球　　　　　　图4-6　腹触球

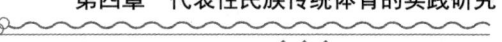

图4-7　胸触球　　　　　　图4-8　肩触球

图4-9　头触球

5.踢球技术

在毽球运动中，踢球方法是关键技术，掌握好踢球方法，才能在比赛中发挥出最佳水平。

基本踢球方法包括：脚内侧踢球（图4-10）、脚外侧踢球（图4-11）、正脚背踢球（图4-12）。脚内侧踢球需要左脚支撑，右大腿带动小腿屈膝上摆，同时膝关节外张，小腿上摆，击球的一刹那踝关节内屈端平，用脚弓内侧把球向上踢起。脚外侧踢球需要左脚支撑，右大腿带动小腿，膝内收，小腿向体外侧上摆，击球的一刹那勾足尖，踝关节外屈端平，用脚背外侧把球向上踢起。正脚背踢球有脚背屈踢、脚背绷踢、脚背直踢三种方法，共同点是单脚支撑，用脚趾或脚趾跟部踢球。以脚背直踢为例，右大腿带动小腿屈膝向前摆，脚背绷直，扣脚趾，击球时小腿迅速前摆。

图4-10　脚内侧踢球　　　　图4-11　脚外侧踢球

图4-12　正脚背踢球

（二）训练方法

1.预备姿势与移动技术训练

看手势练习：预备姿势站立，看教练员手势做不同方向、不同步法的移动练习。

听口令练习：预备姿势站立，听教练员口令做不同方向、不同步法的移动练习。

跟随练习：2人一组，一人任意做各种方向、距离、步法的移动；另一人跟随移动，然后互换。

往返练习：利用场地的端线与中线，或端线与限制线之间的距离做往返转身跑移动练习。

网前练习：在网前结合拦网、救球做各种移动步法练习。

看球起动：2人一组，一人任意向不同方向、距离、高度抛球；另一人快速移动救球。

2.发球技术训练

对墙发球练习需要队员站在离墙6米的地方对墙发球，发出球的高度控制在2.5米左右。主要体会抛球和击球动作。站在端线对发球练习需要队员分成两组站在两边端线后对发，增加队员的练习机会。统计成功率的发球练习需要队员分别站在两边发球区内发球，每人发10个球为一组，发若干组。发完一组后登记成功与失误的次数，最后统计每人的成功率，提高练习的效果。固定区域的发球练习需要按照一般接发球站位容易出现的空当，在场内画出一定区域，队员发到指定的区域内，每人发5~10个球为一组，每个区域反复练习。准确性发球练习需要将每边场地划出9块区域（图4-13），队员站在两边端线，要求先发球到1号区域，如一次发不到位可进行第二次，直至发到位，然后再发到2号区域，这样依次进行，看谁先完成9个区域的发球为胜。

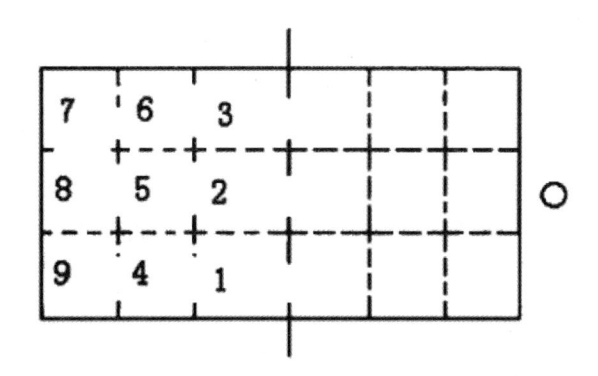

图4-13 准确性发球练习场地

3.触球技术训练

（1）原地腿触（击）球练习。

（2）行进间腿触球练习。

（3）2人对传练习。2人一组，每人用腿触球一次即用脚内侧将球传给对方。

（4）2人一抛一传练习。练习方法同腿部传接球。

（5）一传一触练习。自己用脚内侧或脚背将球击起，用头触球，接着又用脚将球击起，这样反复练习。

（6）接手攻球练习。

4.踢球技术训练

（1）个人行进间踢球练习。向不同方向边走、边跑、边踢球。

（2）2人传击球练习。2人一组，面对面相距3米左右，相互传球。

（3）原地双脚轮接脚外侧踢球练习。

（4）徒手模仿脚背传球动作练习。

（5）2人对传，三角互传练习。练习方法同脚内侧传球。

第五章 民族传统体育训练基地建设研究

民族传统体育训练基地在民族传统体育发展中扮演着重要的角色，其作用主要体现在对民族传统体育活动的开展、对民族传统体育项目的普及推广、对民族传统体育人才的培养、对民族传统体育文化的传承与弘扬以及对民族地区社会发展的促进等方面。近年来，随着我国对民族传统体育文化传承的不断重视，民族传统体育训练基地也随之崛起，并极大地提高了我国民族传统体育训练水平，培养了一批优秀的民族传统体育运动员人才，还向社会大众普及了民族传统体育运动。但民族传统体育训练基地的建设与运作并不是一帆风顺的，还存在许多棘手的问题，这就需要在深刻认识民族传统体育训练基地建设的重要意义的基础上，深入调查研究民族传统体育训练基地的建设现状和存在的问题，然后从实际出发探索解决问题的出路，从而提高我国民族传统体育训练基地建设质量和运作效率，以进一步充分发挥训练基地的价值与作用。

第一节　民族传统体育训练基地建设的必要性

在中华民族悠久的历史长河中，各民族的传统体育项目犹如一颗颗璀璨的明珠，闪耀着古老文明的光芒，其博大精深的文化内涵不断丰富着华夏民族的体育世界。这些民族传统体育，不仅具有极高的艺术价值，而且承载着厚重的民族情感与历史记忆。在当今时代背景下，随着国家对体育事业的日益重视，民族传统体育训练基地的建设逐渐提上议程，其必要性愈发显著。下面深入探讨民族传统体育训练基地建设的必要性，以期充分认识我国民族传统体育训练基地建设的重要性与迫切性。

一、传承和保护民族传统体育文化

民族传统体育训练基地的建设对于传承和保护各民族独特的体育文化具有深远意义。基地能够汇集民族传统体育项目的技艺传承者、研究者及爱好者，共同挖掘、整理和发扬民族传统体育文化。通过基地的培训、研究和交流活动，我们可以梳理民族传统体育历史脉络，深入了解各民族的传统体育项目，为后辈提供更为详实的文化资料，确保民族传统体育文化的血脉永续流传。此外，基地建设还有助于保护濒临失传的民族传统体育项目，为其提供生存和发展的空间。这些项目得以延续，无疑是对中华民族优秀传统文化的最好保护和传承。

二、提高民族传统体育竞技水平

民族传统体育训练基地的建设为各民族运动员提供了专业化的训练条

件，有助于全面提升民族传统体育项目的竞技水平。基地通过制订科学合理的训练计划，提供专业的教练指导，为运动员们创造了一个完善的训练环境。同时，基地建设能够进一步优化运动器材和场地设施，确保运动员的训练条件不断优化与完善。此外，通过举办各类民族传统体育赛事，不仅能够激发广大群众的参与热情，选拔和培养出更多优秀的运动员，还能进一步推动我国民族传统体育事业的持续发展。在基地训练中，运动员们可以更好地发挥自己的潜力，提升自己的竞技水平，为国家和民族争光。

三、促进民族地区经济发展和社会进步

民族传统体育训练基地的建设在促进民族地区经济发展和社会进步方面具有积极的推动作用。基地的建设不仅能够直接带动基础设施建设、旅游开发等相关产业的发展，创造经济效益，同时还能为当地居民提供更多的就业机会和增收途径。在基地的带动下，民族地区的旅游业将得到进一步发展，吸引大量游客前来体验和观赏民族传统体育项目，这将有力地促进当地经济发展，提高人民生活水平。此外，基地建设还有助于增进民族间的相互了解与友谊，促进社会和谐稳定，为民族地区的长远发展注入新的活力。可以说，基地的建设对于推动民族地区经济社会发展具有举足轻重的意义。

四、提升国家文化软实力

作为我国传统文化的重要组成部分，民族传统体育在国际舞台上发挥着越来越重要的作用。通过建设民族传统体育训练基地，我们能够更好地推广和展示我国丰富多彩的民族传统体育文化，提升国家文化软实力。基地可以承担起国际文化交流的重任，举办各类国际民族传统体育赛事和活动，让世界更好地了解和欣赏我国的民族传统体育文化。这将有助于增强国家文化自

信心和民族自豪感，提升我国在国际舞台上的形象和影响力。同时，基地建设还有助于培养更多具有国际视野的民族传统体育人才，推动我国民族传统体育事业走向世界舞台。在这样的背景下，民族传统体育训练基地的建设对于提升国家文化软实力具有不可替代的作用。

总之，民族传统体育训练基地建设对于传承保护民族体育文化、提高竞技水平、促进地区经济发展和社会进步以及提升国家文化软实力具有举足轻重的意义。在国家政策的引导与支持下，我们应当进一步加大基地建设力度，不断完善基地的各项功能设施。只有这样，才能充分发挥基地的综合效益，推动我国民族传统体育事业的发展，促进国家文化的繁荣发展，实现对中华民族传统文化的保护和传承。

第二节　民族传统体育训练基地建设的现状与问题

一、民族传统体育训练基地建设的现状

（一）基地数量逐年增长

随着国家对民族传统体育重视程度的不断提高，各地纷纷投入到建设民族传统体育训练基地的行列中来。近年来，我国民族传统体育训练基地数量呈逐年增长的趋势。这些基地不仅为各民族提供了一个展示和传承民族体育的平台，还为广大民众提供了锻炼身体、丰富业余生活的场所。

（二）基地设施不断完善

为了满足各民族传统体育项目的训练需求，各地在建设基地时，纷纷加

大投入力度，完善基地设施条件，不仅建设室内场馆，还设有户外运动场地，不断满足各民族传统体育项目的训练和比赛需求。此外，基地的配套设施如住宿、餐饮、医疗等也得到了逐步完善，为运动员提供了良好的训练和生活环境。

（三）培训和比赛活动丰富多彩

民族传统体育训练基地不仅承担着各民族运动员的培训任务，还积极参与各类民族传统体育赛事的组织和承办工作，为各民族提供一个交流、竞技的平台。基地还通过组织培训班、讲座等形式，普及民族传统体育知识，提高运动员的技能水平。

（四）民族特色鲜明

各民族的传统文化在民族传统体育训练基地得到了充分体现。基地在建设过程中，注重保护和传承各民族特色体育项目，将民族传统体育与当地文化相结合，形成了独特的体育景观。在基地内，游客可以感受到浓厚的民族氛围，体验各民族传统体育项目的魅力。

二、民族传统体育训练基地建设的问题

近年来，随着国家对民族传统体育发展的不断重视，民族传统体育训练基地的建设也得到了大力推进，并取得了上述成就。然而，在基地建设的过程中也不可避免地遇到了一些问题。下面主要分析民族传统体育训练基地建设存在的一些主要问题。

（一）基地规划与布局不合理

部分民族传统体育训练基地在选址和布局方面缺乏科学性。这种不合理的规划布局影响了基地的使用效率，如基地之间距离过远导致交流合作不便。不合理的布局可能还会影响运动员的训练效果和身心健康。例如，某些基地可能因为地理位置偏远，导致运动员的训练和生活都极为不便，训练中也无法及时得到教练的指导和帮助；而另一些基地则可能因为场馆设施的不完善，使得训练无法顺利进行，如武术训练缺乏足够的场地，影响训练效果。

（二）资金投入不足

资金是民族传统体育训练基地建设和运营的重要保障。然而，由于种种原因，目前政府和企业对基地的资金投入仍然有限。资金不足直接影响了基地的建设、设施设备的更新以及优秀人才的引进和培养。没有足够的资金支持，基地的发展将受到严重制约。此外，资金投入不足还可能导致基地在运营过程中出现财务问题，进而影响到基地的正常运转。

（三）设施建设有待加强

尽管近年来国家对民族传统体育训练基地的投入力度不断加大，但基地的设施设备仍然显得陈旧和落后。过时的设备已经无法满足现代民族传统体育训练的要求，也限制了高科技设备的引入和应用，进而影响了运动员的训练质量。陈旧的设施不仅会影响运动员的训练积极性，还会增加训练中的安全风险。例如，设备突然故障可能给运动员带来伤害，对他们的身心健康造成影响。

（四）管理水平较低

管理是任何组织都无法忽视的一环。我国民族传统体育训练基地的管理水平整体较低。这主要表现为管理制度不健全、管理人员素质参差不齐。管理水平低下可能会导致基地的日常运营混乱无序，甚至可能导致训练事故的发生。此外，不规范的管理还会影响到基地的整体形象和声誉，使得外部对于基地的认可度和信任度降低。管理水平低下的原因与缺乏专业的管理人才、管理理念落后以及管理手段单一有关。

（五）培训体系不完善

完善的培训体系是提高运动员综合素质和竞技水平的关键。然而，目前民族传统体育训练基地的培训体系还存在明显不足。例如，培训内容过于单一、运动员缺乏实战演练的机会等。这些问题将导致运动员的训练效果大打折扣，进而影响他们的实战表现和比赛成绩。

（六）人才流失严重

民族传统体育训练基地的发展离不开优秀的人才。然而，目前许多基地都面临着人才流失的困境。这主要是因为基地的待遇和发展空间无法满足教练员和运动员的需求。当这些人才无法在基地获得他们所期望的回报时，他们可能会选择离开。这无疑会对基地的长远发展造成影响。优秀人才的流失不仅会影响基地的训练效果，还会削弱基地的竞争力，使其在与其他基地的竞争中处于劣势地位。此外，人才流失还会导致技术的流失和重要信息的泄露。

第三节　民族传统体育训练基地建设的优化策略

在新时代背景下，民族传统体育训练基地的建设显得至关重要。这不仅关乎运动员的培养，更关乎对民族传统文化的传承和弘扬。下面从当前我国民族传统体育训练基地建设的现状与问题出发，提出促进民族传统体育训练基地建设和优化的策略与建议。

一、加大政策扶持力度，提高基地建设地位

政府在民族传统体育训练基地建设中发挥着至关重要的作用。为了更好地推进基地的建设与发展，政府应出台一系列优惠政策，如资金扶持、税收减免等，为基地建设提供强有力的政策支持。只有政府的政策落地生效，基地的地位和影响力才能在民族体育事业中得到有效提升。

二、优化基地布局，实现资源共享

在基地布局方面，应根据各地的民族特色、地理环境等因素进行科学规划。在规划过程中，应充分考虑各基地之间的互补优势，避免重复建设和资源浪费。通过合理的布局优化，基地之间可以实现资源共享，提高资源利用率，为民族传统体育事业的发展提供有力保障。

三、提升基地设施设备水平，改善训练条件

民族传统体育训练基地的设施设备水平直接关系到运动员的训练效果。因此，基地应注重硬件设施的完善，积极引进先进的训练设备和技术，确保运动员的训练环境得到有效改善。同时，基地还应加强设施的日常维护和管理，确保设施设备的正常运行，为运动员创造一个良好的训练条件。

四、加强人才队伍建设，提高培训质量

人才是民族传统体育训练基地的核心竞争力，因此，基地应重视人才引进和培养工作。通过选拔、培训、交流等方式，培养一批高水平的教练员、裁判员等专业人才，提高培训质量。同时，基地还应加强与高校、科研院所的合作，推动理论与实践相结合，为运动员提供科学、系统的训练方法。通过人才队伍的建设，基地的综合实力和核心竞争力将得到有效提升。

五、丰富培训内容，提高运动员综合素质

为了适应新时代体育事业发展需求，民族传统体育训练基地应丰富培训内容，注重运动员综合素质的培养。在传统体育项目训练的基础上，增加体能训练、心理训练、运动康复等课程，提高运动员的体能、技能、心理等各方面的素质。同时，还要加强文化教育，让运动员深入了解民族传统体育的文化内涵，提升运动员的综合素质。

六、深化校企合作，拓宽发展渠道

民族传统体育训练基地应积极与相关企业、高校等机构建立紧密的合作关系，共同培养民族传统体育人才。通过校企合作，可以实现资源共享、优势互补，促进产学研一体化发展。同时，合作双方可以共同开拓市场，举办各类赛事和活动，提高基地的知名度和影响力。通过深化校企合作，基地的发展渠道将得到有效拓宽，为民族传统体育事业的繁荣注入新的活力。

七、创新管理模式，提高基地运营效率

随着时代的发展，传统的管理模式已经无法满足民族传统体育训练基地的需求。因此，基地应积极探索创新管理模式，引入现代企业管理制度和信息化手段优化组织结构和管理流程。通过智能化、数字化管理手段的应用，提高基地运营效率和管理水平，为运动员提供更好的服务，同时降低管理成本，提高管理效率，实现基地的可持续发展。

八、强化科研创新，推动基地可持续发展

民族传统体育训练基地在不断提升自身建设水平的同时，还需注重科研创新能力的培养。基地可以加强与科研院所、高校的合作，建立联合研究机制，针对民族传统体育训练中的关键技术、训练方法等问题进行深入研究。通过科研成果的转化，推动基地训练方法的更新和训练水平的提升，从而实现基地的可持续发展。

九、加强对外交流与合作，提升基地国际影响力

民族传统体育训练基地应充分利用国内外资源，加强对外交流与合作。与国际知名体育机构、俱乐部开展合作，邀请国外优秀教练员、运动员来基地交流指导，提升基地的国际影响力。同时，积极参与国际赛事，组织运动员参加国际比赛，提高运动员的国际竞争力。通过对外交流与合作，为我国民族传统体育事业发展注入新的活力。

十、注重社会责任，发挥基地在社会服务中的作用

民族传统体育训练基地在提升自身建设水平的同时，应充分发挥资源优势，承担起社会责任。基地可以开展各类民族传统体育普及活动，为社会大众提供锻炼、交流的平台。同时，积极参与公益事业，为贫困地区、弱势群体提供体育培训机会，传播民族传统体育文化，发挥基地在社会服务中的作用。

参考文献

[1]张绍俊.民族传统体育的科学化训练研究[M].长春：吉林大学出版社，2022.

[2]石丽华，吕涛.我国民族传统体育文化传承与发展研究[M].太原：山西经济出版社，2020.

[3]谢明川.民族传统体育文化的继承保护与创新发展研究[M].北京：中国纺织出版社，2020.

[4]王佳.民族传统体育文化理论与创新研究[M].哈尔滨：哈尔滨地图出版社，2018.

[5]张丽.我国民族传统体育文化的传播与发展研究[M].长春：吉林出版集团股份有限公司，2021.

[6]徐泽.民族传统体育发展与实践研究[M].北京：人民日报出版社，2016.

[7]周之华.中华民族传统体育文化概论[M].北京：北京体育大学出版社，2016.

[8]周之华.中华民族体育文化多维研究导论[M].北京：高等教育出版社，2016.

[9]刘轶.我国学校民族传统体育发展路径研究[M].武汉：湖北人民出版社，2013.

[10]温搏.民族传统体育训练与竞赛教程[M].北京：北京师范大学出版社，2012.

[11]方哲红.民族传统体育教学与训练[M].北京：北京体育大学出版社，2010.

[12]赵昌颜.民族传统体育教学与训练[M].北京：华文出版社，2002.

[13]赵静冬.少数民族传统体育运动教学与训练[M].昆明：云南民族出版社，1999.

[14]徐彬，李兵.民族传统体育项目运动员体能评价及训练理论体系研究[M].北京：人民出版社，2016.

[15]张炜，李晓玲.全国少数民族传统体育运动会竞赛项目教学训练丛书 毽球·马术[M].银川：宁夏人民出版社，2011.

[16]侯介华.武术套路教学与训练[M].北京：北京体育大学出版社，2002.

[17]虞重干.专项训练–武术运动[M].北京：高等教育出版社，2003.

[18]白永正，权黎明.武术散打教学与训练[M].北京：北京体育大学出版社，2004.

[19]权黎明.武术散打运动训练理论与方法[M].北京：中国商务出版社，2008.

[20]朱东.竞技武术科学化训练探微[M].成都：四川大学出版社，2007.

[21]王建强，张涛.中国民族式摔跤教程[M].北京：中央民族大学出版社，2015.

[22]胡玉玺，陈胜利.中国式摔跤教程[M].西安：西安交通大学出版社，2014.

[23]王淑清.舞龙舞狮[M].长春：吉林出版集团有限责任公司，2013.

[24]马芳，肖丽.民间舞龙舞狮[M].长沙：湖南美术出版社，2014.

[25]谢小龙，肖谋文.舞龙舞狮教与练[M].长沙：湖南大学出版社，2012.

[26]樊艺勇.舞龙舞狮教学与训练[M].长春：吉林大学出版社，2019.

[27]刘启坤.少数民族传统体育理论与技能[M].昆明：云南大学出版社，2015.

[28]第九届全国少数民族传统体育运动会组委会新闻宣传部.中国少数民族传统体育荟萃[M].贵阳：贵州人民出版社，2011.

[29]田玲玲，王清.我国民族传统体育文化的传承与发展研究[M].北京：中国水利水电出版社，2018.

[30]蔡龙云.武术运动基本训练[M].北京：人民体育出版社，2013.

[31]蔡仲林，周之华.武术[M]. 北京：高等教育出版社，2005.

[32]孙永武.太极拳 运动健身丛书[M].福州：福建科技出版社，2013.

[33]王桂忠.关于建立少数民族传统体育训练基地必要性研究[J].四川体育科学，2003（3）：8-9.

[34]陈宏.我国高校民族传统体育训练基地文化传承研究[D].北京体育大学，2017.

[35]黄艳，侯志涛，杨泽林，等.湖北省少数民族传统体育训练基地现状和对策探析[J].文体用品与科技，2017（8）：43-44.

[36]徐文红.宁夏少数民族传统体育训练基地建设绩效研究[D].宁夏大学，2019.

[37]詹勇.关于散打课堂教学中实战制胜因素及训练方法的探讨[J].内江科技，2009，30（5）：180.

[38]李志鸿，胡仲秋.中国式摔跤实战对抗中"攻防意识"的作用[J].湖北师范学院学报（自然科学版），2009，29（2）：62-65.

[39]石文颜."非遗"视角下传统武术传承与发展研究[J].武术研究，2020，5（3）：16-18+23.

[40]刘钦龙.运动训练创新理论研究[D].北京体育大学，2007

[41]刘春燕，谭华.中华民族传统体育的兴盛、危机与复兴[M].北京：人民出版社，2016.

[42]谭达顺.新视角下中国民族传统体育文化内涵、历史发展与趋势的再研究[J].黔西南民族师范高等专科学校学报，2008（1）：62-67.

[43]孙登科.运动训练学[M].北京：北京体育大学出版社，2006.

[44]马冬梅.运动训练学基础[M].北京：北京体育大学出版社，2005.

[45]王家宏，姚辉洲.运动训练[M].桂林：广西师范大学出版社，2009.

[46]杨桦，李宗浩，池建.运动训练学导论[M].北京：北京体育大学出版社，2007.

[47]龙春生.体能训练法[M].沈阳：辽宁大学出版社，2009.